A EVANGELIZAÇÃO
DE **PORTAS ABERTAS**
PARA O **AUTISMO**

EDITORA
EME

Solicite nosso catálogo completo, com mais de 500 títulos, onde você encontra as melhores opções do bom livro espírita: literatura infantojuvenil, contos, obras biográficas e de autoajuda, mensagens espirituais, romances, estudos doutrinários, obras básicas de Allan Kardec, e mais os esclarecedores cursos e estudos para aplicação no centro espírita – iniciação, mediunidade, reuniões mediúnicas, oratória, desobsessão, fluidos e passes.

E caso não encontre os nossos livros na livraria de sua preferência, solicite o endereço de nosso distribuidor mais próximo de você.

Edição e distribuição

EDITORA EME
Avenida Brigadeiro Faria Lima, 1080 – Vila Fátima
CEP 13369-040 – Capivari-SP
Telefones: (19) 3491-7000 | 3491-5449
Vivo (19) 9 9983-2575 ☉ | Claro (19) 9 9317-2800
vendas@editoraeme.com.br – www.editoraeme.com.br

☉ @editoraeme   f /editoraeme   ▶ editoraemeoficial   🐦 @EditoraEme

LUCIA MOYSÉS

PREFÁCIO DE
CARLOS CAMPETTI

A EVANGELIZAÇÃO DE **PORTAS ABERTAS** PARA O **AUTISMO**

Capivari-SP

8ª reimpressão – março/2025 – de 12.501 a 13.000 exemplares

CAPA | André Stenico
DIAGRAMAÇÃO | Victor Benatti
REVISÃO | Editora EME

Ficha catalográfica

Moysés, Lucia, 1945
    A evangelização de portas abertas para o autismo /Lucia
Moysés – 8ª reimp. mar. 2025 – Capivari, SP: Editora EME.
    200 p.

    1ª ed. set 2022

    ISBN 978-65-5543-080-6

1. Transtorno do espectro autista. 2. Evangelização Infantojuvenil. 3. Inclusão do TEA no Centro Espírita. 4. Textos e depoimentos dos autistas. I. TÍTULO.

                                                    CDD 133.9

SUMÁRIO

PREFÁCIO

COMO PAI DE um rapaz autista, a leitura deste livro representou uma verdadeira viagem pelo mundo do Transtorno do Espectro Autista (TEA). Como evangelizador e coordenador da atividade por muitos anos no passado, afirmo que este livro, em função do momento que a Humanidade vive na Terra, é de leitura indispensável para todo evangelizador e para todos os pais, tenham ou não filhos com TEA.

Ao apresentar o pensamento e a experiência de diversos autores, inclusive alguns com TEA, e examinar diversificados exemplos ricos de ensinamentos úteis, Lucia facilita ao evangelizador o entendimento de como conduzir o estudo com inclusão, oferecendo possibilidades de encaminhamento da aprendizagem em diversificadas situações, tudo isso baseado na prática e nas experiências de pessoas com TEA, pais, profissionais e evangelizadores. E aos pais, o entendimento da situação de seus filhos com TEA, oferecendo-lhes esperanças com base nos diversos exemplos apresentados e na ação da evangelização espírita bem orientada.

A variedade desse espectro é imensa a ponto de dificilmente, para não dizer nunca, se encontrar uma pessoa com TEA que tenha comportamento e reações, que atue ante os mesmos estímulos, igual a outra. Daí decorre a dificuldade, mas não a impossibilidade, de lidar com pessoas nessa situação. Lucia consegue nos guiar por esse mundo, pontuando teorias e, principalmente, práticas que auxiliam os evangelizadores a encaminhar ações adequadas para cada situação. Vejamos o que ela mesma registra no livro que você está agora compulsando:

> Precisamos ter sempre em mente que o autismo se apresenta dentro de um amplo espectro. Significa dizer que embora possa haver traços comuns a muitos, cada individualidade é única. Todas as manifestações são diferentes umas das outras. Mas um ponto os autistas têm em comum: são espíritos imortais, filhos de Deus, destinados à perfeição relativa. Como todos que vêm às nossas mãos de educadores espíritas, merecem ser amados e compreendidos.
>
> O nosso, deve ser um olhar que focaliza suas potencialidades e não os seus déficits; que respeita suas singularidades e peculiaridades, sem nenhuma preocupação de anular as diferenças que venham a apresentar. Respeitar o véu do esquecimento que o Pai oferece a cada um de nós quando renascemos em novo corpo é a nossa forma de dizer: 'Caminhemos juntos! Conte comigo!'

Lucia afirma, em um dos muitos momentos tocantes do livro, que, assim como não procurou a explicação científica para o autismo, também não o faria do ponto de vista do espiritismo e segue desenvolvendo o assunto de forma magistral, indicando o que o espiritismo tem feito para pais e para filhos envolvidos no processo do TEA, afirmando com muita assertividade:

Experiências bem-sucedidas têm demonstrado que os passes e os demais recursos espirituais são valiosos aliados no tratamento de crianças e jovens com o TEA, sendo capazes de subsidiar as terapias convencionais recomendadas pelas equipes multidisciplinares.

Os centros espíritas, acolhendo aqueles que na atual encarnação se apresentam com algum tipo de deficiência ou transtorno, estão se inspirando em Jesus, que demonstrou amor e compaixão para com as pessoas marginalizadas. Nunca fez restrições. Ao contrário, toda a sua ação foi inclusiva e acolhedora.

Reafirmo, porque este é um ponto muito forte deste livro, que Lucia não se limita a recomendar, mas indica como fazer. É admirável sua capacidade de síntese, apresentando um livro bastante abrangente dentro do propósito a que se propôs, mas de fácil e agradável leitura, repleto de exemplos que trazem leveza para a leitura e facilidade para o entendimento.

Carlos Campetti
Barbados, Caribe, 21 de março de 2022

Carlos Campetti é jornalista, diretor de programação da FEBtv e coordenador da Área de Estudo do Espiritismo do Conselho Federativo Nacional da Federação Espírita Brasileira, presidente do Centro de Estudios Espíritas Sin Fronteras, membro da Comissão Executiva do Conselho Espírita Internacional.

APRESENTAÇÃO

A PRESENÇA DO autismo está se fazendo notar de forma crescente em toda parte, levando as famílias a procurarem o apoio de diferentes profissionais. Nas adeptas do espiritismo, além das terapias convencionais, muitas estão, também, em busca da assistência espiritual. Somos testemunhas dos incontáveis casos de melhoras nos quadros existentes, mediante os passes, a água magnetizada, o atendimento espiritual por vias mediúnicas e, principalmente, a evangelização infantojuvenil.

Nossa intenção, nessa obra, é compartilhar a experiência na área, incentivando e oferecendo subsídios aos evangelizadores e coordenadores das áreas de educação espírita, ajudando-os a conhecer melhor o transtorno do espectro autista – TEA – e tornar a evangelização infantojuvenil cada vez mais inclusiva e acessível às pessoas com o transtorno. O movimento em favor da inclusão já é uma realidade em nosso país. E aqui estamos para dar a nossa colaboração na sua consolidação.

Esse transtorno apresenta muitas nuances e facetas; seu diagnóstico, por não ser baseado em dados clínicos, nem sempre é facilmente obtido. Dúvidas e incertezas permeiam o cotidiano das famílias que têm filhos com autismo. Em atos de solidariedade e fortalecimento, muitas mães e pais passaram a construir redes de apoio, usando espaços de convivência e mídias digitais. As trocas de informação, o acolhimento e a sustentação do bom ânimo que neles imperam acabaram por produzir, naturalmente, lideranças. As aprendizagens que nos últimos anos temos construído com algumas delas nos levaram a convidar uma dessas mães – aqui chamada de Angel, uma amiga das líderes espíritas –, para enriquecer a obra com seu olhar, sua experiência e seu aconselhamento para famílias que receberam no lar um filho com autismo. Familiarizada com os diferentes ambientes dos grupos espíritas, em especial, da evangelização, sua palavra abalizada certamente será de grande valia para os que trabalham com os pequeninos e com os jovens.

A riqueza dos seus depoimentos fez-nos tomá-los na sua integralidade, deixando-os em destaque de permeio à nossa escrita. Desta forma, eles serão reconhecidos por estarem em destaque, com uma fonte diferente e um traço cinza na lateral.

Além dos depoimentos dessa mãe, nós também tivemos a oportunidade de acompanhar de perto o trabalho de uma psicopedagoga e de algumas evangelizadoras espíritas, todas atuando junto a crianças com o TEA. A partir das nossas observações, trouxemos diferentes casos, para ilustrar as explicações de cunho científico que apresentamos, relacionando-os com as situações encontradas nos encontros de evangelização. Todos os nomes verdadeiros foram trocados por fictícios, a fim de preservar a privacidade das crianças e dos jovens observados.

Desejamos que o trabalho aqui apresentado seja inspirador para todos aqueles que, direta ou indiretamente, vivam a realidade do autismo.

ENTENDENDO O TRANSTORNO DO ESPECTRO AUTISTA – TEA

O AUTISMO É um transtorno do neurodesenvolvimento que se caracteriza por déficit nos âmbitos da comunicação e da interação social, bem como pela presença de comportamentos repetitivos (estereotipias) e um repertório restrito e peculiar de interesses e atividades[1]. Os sinais ou traços nessas áreas são muito diversificados. Quando vários deles se manifestam ao mesmo tempo, a pessoa pode enfrentar limitações ou sentir dificuldades para executar suas atividades da vida diária. Eles podem manifestar-se desde os primeiros dias de vida, embora haja inúmeros registros de pais relatando que a criança se desenvolvia normalmente antes do aparecimento dos sinais característicos.

Sabe-se, no entanto, que geralmente eles notam os primeiros sinais de autismo em seus filhos entre os 12 e 18 meses de vida. Esses traços tendem a manter-se na adolescência e idade adulta. Ainda que muitas pessoas com autismo possam ter uma vida

---

1. Para definição do autismo e de suas principais características, estamos usando o DSM-V, Manual Diagnóstico e Estatístico de Transtornos Mentais da American Psychiatric Association.

independente, há outras com incapacidades graves que necessitam de atenção constante e apoio durante toda a sua existência.

Embora já haja um número considerável de pesquisas sobre as causas do autismo, ainda não se chegou a uma conclusão definitiva. A maioria dos estudos indica que se trata da combinação de fatores genéticos associados a causas ambientais.

O déficit de comunicação pode manifestar-se de duas formas: ausência ou atraso do desenvolvimento da linguagem oral, havendo, ainda, a possibilidade da ocorrência de mutismo seletivo, um tipo de transtorno de ansiedade que pode se apresentar como comorbidade do autismo.

O déficit na interação social – tão recorrente no autismo – torna-se evidente na falta de reciprocidade, nas dificuldades de socializar-se e estabelecer contato com outras pessoas. Ambos os déficits são de tal forma interligados, que é muito difícil separar um do outro.

Os comportamentos repetitivos podem ser encontrados nos gestos, na fala e nos movimentos. Para quem os vê do exterior, podem parecer atos sem um objetivo aparente. Na verdade, eles são meios que a pessoa com autismo encontra de se acalmar, reorganizar ou controlar as emoções. Pode ocorrer, também, que sejam apenas movimentos que causem sensações prazerosas.

É importante ter em mente que a pessoa no espectro autista costuma estabelecer rotinas e hábitos no seu dia a dia e, dependendo do nível de autismo, ela pode reagir fortemente a qualquer situação que a obrigue a afastar-se dela ou implique mudanças.

Vejamos um exemplo que nos ajudará a compreender alguns desses aspectos do transtorno do espectro autista.

Samuel, 7 anos, tem autismo nível 2 (ou moderado na antiga nomenclatura). Está na turma do 1º ciclo da evangelização. Os colegas estão envolvidos, fazendo pintura com aquarela, como o proposto pela evangelizadora, mas ele fica à parte, brincando com um carrinho, do qual não se separa. Às vezes fala: "verde", repetindo essa palavra várias vezes, fora de qualquer contexto. No entanto, quase nunca usa a fala para se comunicar com as pessoas a sua volta.

Durante a atividade, Samuel, ao ver vários potinhos destampados, passa a fechar um por um e a colocá-los na prateleira próxima. Diante da reclamação dos colegas, sai correndo, balançando as mãos para baixo e para cima, repetidas vezes. Faz sons estranhos e foge do local. Esse tipo de cena acontece todas as vezes em que está contrariado ou muito estressado[2].

No caso do Samuel, observamos alguns traços do TEA. Os mais evidentes são o comprometimento na comunicação e a dificuldade de interagir com as demais pessoas. Sempre isolado, não usa a linguagem como uma criança neurotípica; apenas repete palavras que ouve no ambiente, ou de que se recorda de ter ouvido, como é o exemplo da palavra "verde". Alguns minutos antes, um colega que desenhava havia dito que iria pintar a árvore de verde. A palavra retida na sua memória é, depois, sem nenhuma referência ao contexto, reproduzida inúmeras vezes.

O fato de sair fechando as tampas faz parte de um de seus comportamentos rotineiros, estereotipados. Não importa em que ambiente esteja; sempre que vê algo destampado, ele corre para fechar e guardar. É provável que tenha aprendido esse padrão de comportamento anteriormente, quando foi treinado para cuidar das suas coisas. É, ainda, possível que lhe cause algum tipo de desconforto ver coisas que, segundo sua forma de pensar, estariam fora do lugar. "Tampas são feitas para fechar", pode ser um pensamento seu, semelhante ao que encontramos em Tito Mukhopadhyay, um autista que, apesar de não conseguir falar,

---

2. Não somente os nomes das crianças e jovens são fictícios, como também foram omitidas informações que os pudessem identificar.

conseguiu aprender a escrever[3]. "Eu não posso tolerar nenhum tipo de distorção. Se alguma coisa está fora do lugar, se uma cadeira ou uma mesa estão fora do lugar, eu vou lá e as coloco imediatamente no lugar onde eu acho que deveriam estar."

Outro traço característico é o movimento das mãos, para cima e para baixo, conhecido como *flapping*, que tem a função de ajudá-lo a se autorregular, de oferecer-lhe algum conforto emocional. Ele desequilibrou-se ao receber a reação negativa dos colegas e tanto a fuga quanto o *flapping* são formas que encontra para se aliviar do estresse que estava sentindo.

Ainda tendo como ilustração o caso de Samuel, queremos chamar a atenção para a questão da fuga. Um dos maiores medos dos pais de uma criança com espectro autista é evitar que saia correndo e possa ser atropelada ou perder-se, como ocorre muitas vezes. Trata-se de um grave problema, pois há inúmeros autistas incapazes de dar seu nome, endereço ou o telefone dos pais. Isso é um alerta para os educadores espíritas, que devem estar com as portas dos centros permanentemente fechadas durante o horário da evangelização.

Nos encontros de evangelização haverá, certamente, sua manifestação, com maior ou menor intensidade. Assim, por exemplo, é normal que uma criança – como Samuel – que tenha interesse por carrinho, carregue sempre consigo um brinquedo desses; que na sala de leitura despreze outros livros que lhe sejam oferecidos, fixando-se em algum contendo figuras de carro ou que tenha preferência por atividades nas quais ele possa colocar seu carrinho em movimento.

Além desses sinais e características, há, ainda, muitos outros que podem ou não estar presentes no autismo, como a tendência a evitar contato visual; a falta ou o excesso de sensibilidade a estímulos sensoriais; a ausência de noção do perigo.

Antes de prosseguir, e pensando no caso do Samuel, queremos

---

3. Do livro *How Can I Talk If My Lips Don't Move?: Inside My Autistic Mind*, p. 118.

enfatizar que, embora o transtorno possa perdurar ao longo de toda a vida, tratamentos e serviços podem proporcionar melhoras e ajudar no desenvolvimento de habilidades funcionais.

Não podemos esquecer jamais que "O corpo é uma casa temporária em que se recolhe nossa alma em aprendizado"[4].

E mais: o autismo não é uma doença; é uma maneira diferente de pensar e aprender, como têm afirmado inúmeros jovens com o TEA que, na atualidade, ocupam as redes sociais mostrando seus potenciais. Um deles – Ido Kedar –, de quem falaremos no transcorrer da obra, é o autor deste apelo registrado em uma rede social: "Junte-se a mim para abraçar a palavra 'autista' e ajudar a reduzir o estigma"[5].

A seguir, Angel relata como foi a sua experiênia como mãe de uma criança com o TEA.

Ter um filho com autismo

Com 11 anos de casada, meu marido e eu tivemos a alegria de saber que estava grávida de mais um filho. A vida mostrava-se bela e tranquila. Havíamos constituído uma família harmoniosa, na qual reinava a alegria própria das crianças. Tínhamos dois filhos: um menino com nove e uma menina com oito anos. Léo nasceu em uma manhã de sol. Um lindo bebê, rosado, gracioso, cheio de vida. Era, de fato, o centro das atenções. Todos queriam estar por perto para embalá-lo, dar banho, trocar as fraldas. Muitos foram os momentos em que meu marido e eu disputávamos quem ficaria com o seu berço ao lado da cama. Filho amado, adorávamos estar perto do nosso bebê. Como se estivéssemos adivinhando o futuro que nos

---

4. Emmanuel, no livro *Roteiro*, p. 53. (Ver bibliografia).
5. Entrevista no *site Learn Play Thrive*, episódio 9. As informações digitais encontram-se todas reunidas em "Referências Eletrônicas", nas páginas finais do livro, e também no Anexo 1.

aguardava, não perdíamos o ensejo de abraçá-lo, beijá-lo, ao que ele correspondia sorrindo, como qualquer criança que se sente querida.

Léo desenvolvia-se normalmente, e jamais poderíamos suspeitar de que algo não estivesse bem. Aos poucos, como pais experientes, fomos percebendo que ele não falava como esperado para a sua idade. Prestes a completar dois anos, foi ficando diferente. Já não mais sorria, chorava, ou comia direito. Foi quando emudeceu e nunca mais voltou a falar. Passava longos tempos olhando para as mãos, sem demonstrar nenhuma reação, parado em um canto da casa.

Nossa primeira providência foi procurar um pediatra. Após examiná-lo, declarou não haver encontrado nada de anormal nas reações da criança. Mas o nosso olhar de pais dava-nos a certeza de que havia algum problema com o nosso filhinho. Foi, então, que teve início a nossa via-crúcis, com visitas a médicos e psicólogos, ouvindo sempre a resposta que confirmava a primeira opinião médica.

Como mãe, sofria muito, pois percebia que aquele não era mais o meu menino tão alegre e vivaz.

Como já tinha um caso de uma sobrinha com autismo na família do meu marido, comecei a ficar desconfiada de que o nosso menino também fosse autista. Com muita amargura, fui percebendo que ele apresentava inúmeras condutas que definiam a pessoa com autismo.

Na ocasião, as leituras que eu fazia me deram uma ideia muito aproximada do que seria o autismo e, com uma profunda dor na alma, passei a tentar convencer os médicos e outras pessoas ligadas à família de que tínhamos uma criança com autismo. Todos relutavam em aceitar o que eu dizia. Como foram duros aqueles anos! Amargura, tristeza, decepção e solidão...

Certa de que não poderia cruzar meus braços, continuei minhas buscas por tratamento e ajuda, tropeçando nas dificuldades e nas imensas barreiras que surgiam. Gradativamente, diante de tantas portas fechadas, fui me acostumando, sem saber que tudo iria mudar mais à frente.

Surge a primeira esperança

Sou de família espírita e, há muitos anos, frequento as reuniões públicas em um grupo perto da minha casa. Certo dia, no decorrer de uma palestra, percebi que o filho da pessoa que estava na tribuna era diferente das demais crianças. Aproximando-me, perguntei-lhe: "Qual o problema de seu filho?" A resposta tocou profundamente o meu coração. Seu filho era autista.

Observando, encantada, aquele garoto lindo, calmo e educado, desejei saber se o seu comportamento era resultado de algum tratamento. Pacientemente, aquela mãe me explicou haver um bom profissional no Rio de Janeiro, que obtivera ótimos resultados no tratamento do autismo.

De posse do endereço e telefone da clínica onde ele atuava, voltei para casa repleta de esperança. Mas inúmeros problemas surgiram, inclusive de ordem financeira, o que fez com que somente começássemos o tratamento do Léo três anos depois.

Com a passagem do tempo e sem nenhum tratamento, seu quadro somente se agravava. Eu me desesperava ao vê-lo tendo comportamentos tão diferentes das demais crianças, quebrando toda a casa, recusando-se a comer e agindo de forma tão fora dos padrões habituais.

Depois de muito esforço e com forte determinação, conseguimos contornar os obstáculos e pudemos, finalmente, começar seu tratamento naquela clínica-escola, por oito anos. Na ocasião, ele contava com seis anos. A melhora no seu comportamento foi visível.

Progresso de Léo

Duas vezes por semana, eu o levava para a clínica onde fazia seu tratamento. O bairro era muito distante da nossa casa. Íamos de ônibus e gastávamos muito tempo no percurso de ida e volta.

O dia era passado inteiramente em função do seu tratamento. Durante o tempo em que lá passava, o Léo era atendido, tanto no âmbito escolar quanto no clínico, pelo terapeuta que comandava todo o tratamento praticamente sozinho (ao contrário de outras clínicas que o fazem de forma multidisciplinar).

Aquilo que a princípio parecia quase impossível – que ele seguisse comandos e mudasse os comportamentos inadequados – começou a concretizar-se diante dos meus olhos agradecidos.

O trabalho integrando escola/clínica permite que o aluno/paciente seja visto na sua totalidade. Além disso, a família também é chamada a participar, fornecendo informações e, acima de tudo, aprendendo como lidar com a criança. Passar por essa experiência foi muito importante para mim, pois, a cada semana de tratamento, voltava mais segura sobre como atuar para auxiliar o meu filho.

Aproveito para destacar, aqui, a importância do uso de métodos e técnicas terapêuticos apropriados, os quais, com outras intervenções, ajudaram no processo.

Quando começou o tratamento, Léo dormia muito pouco, mostrava uma enorme resistência a andar vestido, corria e subia em portões, móveis; soltava a mão de quem o conduzia e corria para atravessar ruas sem nenhuma noção do perigo; destruidor. Também não conseguia realizar as mínimas ações de higiene pessoal.

Depois de muita terapia, o tratamento começou a surtir efeito e, com um enorme alívio, comecei a ver pequenos resultados: ele passou a ser organizado e deixou de se machucar, de quebrar as coisas. Começou a tomar banho e a usar o vaso sanitário. Aceitou usar roupa e seu sono ficou mais controlado.

Sempre muito grata a Deus, prosseguimos, em casa, reforçando tudo aquilo que ele aprendia na clínica, e assim o vimos evoluir consideravelmente, embora nunca tenha conseguido usar funcionalmente a fala. Contudo, nós nos entendíamos e o amávamos do seu jeito.

Incidência e níveis de manifestação do TEA

Segundo dados publicados pelo Centro de Controle de Doenças e Prevenção do governo dos EUA (CDC) na *Revista Autismo*, há uma prevalência de 1 autista para cada 54 crianças de 8 anos, de acordo com pesquisa feita e atualizada a cada dois anos no país, o que significa um aumento de 10% sobre os números anteriores. Os dados divulgados são referentes a 2016. O registro de diagnósticos de meninos continua quatro vezes maior que o de meninas.[6]

No Brasil, não temos dados precisos, mas é possível observar um número crescente de pessoas com autismo em todas as classes sociais. Essa situação fará com que, em breve, tenhamos uma grande quantidade de adolescentes com o transtorno a exigir políticas públicas de atendimento. Particularmente para os centros espíritas, esse alerta se faz necessário, a fim de que sejam tomadas medidas que favoreçam o acolhimento e a inclusão, não somente de crianças com o TEA, mas também desse público jovem e, até mesmo, adulto em que ele se transformará.

A gravidade dos prejuízos causados pelas formas como o transtorno do espectro autista se manifesta levou a Associação de Psiquiatria Americana (APA), que há anos norteia os seus tratamentos, a sublinhar, na 5ª edição do *Manual de Diagnóstico e Estatística dos Transtornos Mentais* (DSM-5), que se trata de um único transtorno com um amplo leque de variação. Atualmente, ela o classifica em três níveis, em função da necessidade de suporte que a pessoa tem. Mas esse é um assunto que está merecendo revisão da própria APA.

Estudiosos do autismo atestam que não existem duas pessoas que apresentem as mesmas características desse transtorno. Há, todavia,

---

6. *Revista Autismo*, "Prevalência de autismo nos EUA sobe 10%: agora é 1 para 54", por Francisco Paiva Junior.

traços comuns que assinalam cada um dos níveis. Afirmam, ainda, a não existência de uma fronteira definida entre os níveis, podendo haver pessoas que tenham traços específicos de mais de um nível.

Aqueles no **nível 1** – ou grau leve, como era classificado – costumam ser mais funcionais do que de os outros níveis, necessitando de suporte principalmente nas áreas de organização e planejamento. Apresentam, com frequência, dificuldades em iniciar interações sociais, como puxar conversa com alguém; manter uma conversação de forma coerente; aceitar, sem dificuldade, mudanças nas rotinas ou trocas de atividades, sendo-lhes um grande desafio experimentar situações novas. Muitos autistas, no nível 1, costumam ser vistos como pessoas tímidas e introspectivas.

Tais traços camuflam, de certa maneira, ricas potencialidades, que, adequadamente exploradas, irão desabrochar em habilidades surpreendentes, como desenhar, cantar, escrever narrativas, contos, poemas; produzir peças artesanais; manter páginas e perfis na internet e tantas mais. Lembramos que a evangelização espírita infantojuvenil é um excelente espaço para o afloramento de tais habilidades.

São, frequentemente, pessoas que têm uma ótima percepção para detalhes, embora nem sempre consigam ser tão bons em captar, de imediato, o todo.

Quando o autismo passou a ser considerado um espectro que comporta extremos muito variados, indivíduos diagnosticados com síndrome de Asperger foram incluídos neste nível. Caracterizam-se, normalmente, por falar bem, e serem inteligentes, mas com dificuldades na interação social.

No **nível 2** – anteriormente denominado grau moderado – a pessoa tem uma necessidade acentuada de suporte. A comunicação por meio da fala é bastante comprometida e, quando ocorre, pode ser marcada por frases muito simples, tornando difícil a realização das atividades cotidianas. Ela também costuma reagir a mudanças de rotina e de ambiente. As tentativas de contatos sociais nem sempre ocorrem ou são bem-sucedidas. Seus interesses são específicos e estreitos. Ainda assim, pode participar dos encontros de evangelização, desde que sejam utilizadas atividades adaptadas a esse seu jeito de ser. Igualmente pode ter potencialidades ainda inexploradas.

Os que têm autismo no **nível 3** – severo, na denominação anterior – são, em geral, totalmente dependentes de suporte, sendo incapazes de agir com autonomia, mesmo em atividades da vida diária. Apresentam grave dificuldade na comunicação, com reflexos nas interações sociais e na cognição, tornando ambas bem reduzidas. Comumente têm associado ao TEA uma deficiência intelectual. Realizar mudanças na rotina pode ser causa de grande ansiedade e sofrimento para essas pessoas, impactando o seu funcionamento. Elas tendem ao isolamento social, se não forem estimuladas. Com a ajuda de um mediador – alguém que lhe dê o apoio de que necessita –, a criança ou o jovem com autismo severo poderá participar da evangelização, ainda que de forma bem limitada. Mas sua presença naquele ambiente pode propiciar grande reconforto ao seu espírito.

A despeito do nível em que se encontre, a presença e participação da criança e do jovem com o TEA no centro espírita e, em especial, na evangelização pode trazer enormes benefícios para o seu desenvolvimento social. Ali, junto aos seus colegas, terão oportunidades de melhorar suas habilidades nessa área, mediante participação em atividades coletivas. A música, o teatro, as inúmeras tarefas feitas em grupo são oportunidades preciosas que precisam ser exploradas. Por vezes, há uma certa resistência da criança ou do jovem em participar, mas com tato, observando seus comportamentos, identificando seus gostos e preferências, é possível vê-los melhorar no campo da sociabilidade. Angel vivenciou isso muito bem com o Léo, conforme relata a seguir.

Eu acredito que, com boa orientação e apoio dos pais, oferecendo meios para que eles suportem bem todos os estímulos externos, a criança e o jovem autista poderão ser evangelizados. Eu tenho exemplo dentro da minha casa. Léo, atualmente um jovem adulto, vai ao centro espírita comigo, acompanha os estudos do evangelho satisfatoriamente, sem nenhum problema, do começo ao fim. Participa de tudo. Já não temos dúvida de que a insistência e a persistência fazem com que os autistas melhorem muito.

Portanto, é preciso admitir que o autista pode ser evangelizado. Talvez resista nas primeiras vezes, quer pelo ambiente diferente, ou por alguma coisa ali que não lhe esteja fazendo bem, mas vai acabar interagindo. Temos testemunhado situações que confirmam o quanto são receptivos ao passe e às falas que abordam o amor, em especial amor de Deus e do Cristo.

Nos dias atuais, há uma campanha nacional para que as diferentes agremiações religiosas recebam bem os autistas. No caso da igreja católica, há um movimento para que eles frequentem as aulas de catecismo, recebam a comunhão e participem das celebrações. No centro espírita não pode ser diferente. Nós temos que aprender a aceitá-los, entendendo suas dificuldades de adaptação a determinados ambientes e situações. Por exemplo: muitos autistas não conseguem, de forma alguma, esperar. Por isso, têm que ser atendidos antes de todos. Eles são prioridade em qualquer fila, na do passe principalmente. Mesmo em filas destinadas às pessoas com prioridades, como idosos e gestantes, eles deveriam ser atendidos em primeiro lugar.

Para muitos, ver a criança com autismo gritar, espernear, agitar-se intensamente, pode parecer pirraça, mas nós já sabemos que não é. Na verdade, ela costuma ter uma ansiedade constante, sendo-lhe muito difícil conseguir aguardar.

Vale lembrar a existência de uma lei, no Estado do Rio de Janeiro, que assegura o direito de pessoas com autismo não serem retidas em fila. Penso, no entanto, que no ambiente da casa espírita, não precisaríamos lançar mão de tal recurso, bastando, para isso, que todos fossem orientados sobre a questão.

Diagnóstico e acompanhamento profissional adequado

Voltemos ao caso de Léo. Comparando o período em que ele manifestou o autismo com o dos dias atuais, temos condições de afirmar que grandes avanços foram feitos, não somente em termos de diagnósticos, como também em relação aos tratamentos.

O fato de ele ter demorado bastante para iniciar as terapias foi altamente negativo. O volume de informações científicas que hoje dispomos acerca do TEA nos permite dizer que a intervenção precoce é capaz de produzir ganhos significativos nos déficits apresentados.

Há um verdadeiro alerta para que se iniciem os tratamentos antes mesmo de ter o diagnóstico fechado. Apesar de haver, agora, muito mais informações sobre o transtorno do que no passado, concluir um diagnóstico ainda é um processo complexo e, por vezes, demorado, pois não há nenhum tipo de exame que possa detectá-lo, como ocorre com as doenças. O diagnóstico é apenas clínico, baseando-se na observação do comportamento da pessoa, analisando informações coletadas com quem ela convive e com o auxílio de determinados questionários de larga aceitação, protocolados por diferentes entidades médicas.

Por isso, entendemos ser de suma importância que o evangelizador espírita conheça as principais características do TEA, a fim de ser mais um observador do comportamento dos seus evangelizandos. Pode ser que algum deles apresente traços do transtorno. Em conversa reservada e sem alarde, pode levar seu comentário à família. Caso já esteja com suspeita de ter um filho com autismo, sua voz será mais uma a somar no momento do diagnóstico. Mas, se ainda não notaram nada de diferente, seu alerta poderá despertar os pais para essa possibilidade, ajudando-os a procurar, precocemente, o acompanhamento profissional adequado.

O maior problema que enfrenta a maioria das famílias é a falta de políticas públicas que garanta os direitos das pessoas com autismo, embora desde 2012 exista a lei 2.764 (Lei Berenice Piana), que mobilizou esforços de tantos pais até ser sancionada.

O autismo pode ser minimizado

De 2012 para cá, algumas conquistas foram alcançadas, apesar de ainda haver uma longa estrada a percorrer. Para além dos aspectos legais, há pontos a ser elucidados, como o da cura do autismo. Por ora, sabe-se que ele não é curável, mas pode ser minimizado, se bem acompanhado por terapeutas qualificados.

As terapias são definidas em função do diagnóstico e das peculiaridades de cada caso. Comumente, há indicação para que seja realizado um acompanhamento multidisciplinar envolvendo diferentes especialistas como psiquiatra, neurologista, psicólogo, fonoaudiólogo, terapeuta ocupacional e, em vários casos, fisioterapeuta e nutricionista. As estratégias de intervenção serão definidas a partir das observações feitas por esses diferentes profissionais. Mas é bom que se diga que há casos em que as intervenções não são suficientes para obter resultados significativos. Isso ocorre habitualmente, quando, além do autismo, a pessoa tem deficiência intelectual. Muitas serão dependentes de cuidados básicos da vida diária e um desenvolvimento acadêmico adequado.

Pensando na educação do espírito, o evangelizador, embora não faça parte dessa equipe, pode, sempre que possível, trocar informações com profissionais que acompanham o seu (ou seus) evangelizando (s) com o TEA, para melhor entender seus indícios e suas eventuais dificuldades. Com a família, as trocas constantes são fundamentais, como veremos em capítulo próximo.

Embora haja casos em que as comorbidades, como a deficiência intelectual, atuem trazendo dificuldades adicionais à aquisição de habilidades, hoje, com o conhecimento e recursos terapêuticos e pedagógicos de que já dispomos, sabemos que sempre é possível obter avanços.

Claudia Moraes, ativista da causa do autista, pedagoga e mãe de um jovem com autismo, traz esse alento ao afirmar que, depois de certo tempo, a mãe "olhará para seu filho e perceberá que ele também está diferente, que ele cresceu, que já não é tão arredio, que as birras já não se repetem tanto, que ele até já lhe joga beijos! Que aquela criança que chegou solitária na escola, hoje, já busca interagir, e até fez algum amiguinho. Que ele já está aprendendo 'jeitinhos' de se virar e nem a requisita tanto"[7].

---

7. Este é um vídeo sobre comunicação alternativa e PECs. Nele, Claudia mostra um grande quadro com figuras de coisas possíveis de serem usadas em sala de aula. A criança vai até ele, escolhe o que deseja e o entrega à professora. É um recurso que exige treinamento, cujos resultados são muito bons.

CONHECENDO UM POUCO MAIS

Um mundo de sensações

Eric, 8 anos, foi diagnosticado com autismo nível 1, aos dois. Já fez grandes conquistas nos campos da comunicação e interação social. No entanto, existem outros que ainda lhe criam grandes embaraços, como o da sensibilidade. Manifesta muita resistência a cortar cabelo, pois os fios que caem na sua pele o incomodam de uma forma exagerada. Sempre que a mãe pretende levá-lo ao barbeiro, precisa fazer uma intensa preparação. Na véspera, mostra-lhe um quadro de rotina que ela mesma preparou, contendo figuras que ilustram todo o processo. Explica detalhadamente cada passo. Ele questiona o tempo todo, tentando convencê-la de que o cabelo não está tão grande assim. A mãe mantém-se irredutível, pois já se acostumou a essa reação. A constatação de que terá, mesmo, de enfrentar a ida ao barbeiro desencadeia nele uma forte crise de ansiedade, cuja face mais visível é o balanço que faz do corpo, para frente e para trás, por longos períodos. É assim que ele consegue aliviar o estresse que o domina.

Nós vivemos imersos em um mundo de sensações e, de um modo geral, quando focamos em algo que está merecendo a nossa atenção, abstraímos tudo o mais à volta. Uma infinidade de estímulos que nos chegam pelos sentidos, como calor, frio, imagens, sons e odores, se estiverem dentro de padrões normais, passam por nós despercebidos. No entanto, no autismo, se a pessoa tiver hipersensibilidade – o que acontece com muita frequência –, esse processo será diferente. Como costuma apresentar um limiar muito baixo de reação aos estímulos, até mesmo os mais brandos podem ocasionar respostas intensas, exageradas e automáticas. Por esse motivo, demonstram comportamentos defensivos de recusa, ansiedade e nervosismo perante determinadas texturas, sabores, odores, ruídos, movimentos ou outros estímulos.

Essa é a explicação para aquela reação desproporcional do Eric quando precisa cortar o cabelo. Encontramos narrativas de mães revelando que, quando estão cortando as unhas de seus filhos, eles reagem gritando e chorando tanto, que dá a impressão a quem não conhece as circunstâncias de que eles estão apanhando. Aliás, essa situação, tão recorrente, tem levado mães a ter de explicar para os vizinhos do que se trata. Uma delas chegou, mesmo, a criar um adesivo para colocar nas portas e janelas da casa informando que ali morava uma criança com autismo e que ouvir gritos e choros seriam normais.

Em quadros desse gênero, marcados pela perturbação causada pela hipersensibilidade, é muito comum que a pessoa com o TEA recorra a certos mecanismos escapatórios. Um deles é a fuga, pura e simples. Outro, quando não há como fugir, é se "ausentar", tapando os ouvidos, cobrindo a cabeça com os braços e mãos, metendo-se em algum cantinho no qual se sinta mais protegida do excesso de estímulos externos.

> Nós, pessoas com autismo, realmente experimentamos as informações sensoriais de maneira diferente dos neurotípicos. Muitos de nós só são capazes de receber informações de

um sentido de cada vez. Enfrentamos um problema quando muita informação sensorial chega. A informação auditiva às vezes é opressora, então fechamos esse sentido. Parece que somos surdos. Quando a estimulação visual é excessiva, fechamos os olhos ou desviamos o olhar.[8]

A pessoa pode, também, valer-se de mecanismos de autorregulação, dentre os quais se destacam as estereotipias. Rodar objetos nas mãos, girar em torno do próprio eixo, movimentar os dedos na frente dos olhos, correr de um lado para outro, sem um destino determinado e fazer *flappings,* acender e apagar o botão de interruptor, dezenas de vezes, são as mais observadas.

As estereotipias

O balançar do corpo, tal como faz o Eric, enquadra-se nesse mecanismo, que também pode ocorrer quando a pessoa está em um ambiente com muitos estímulos, do qual não pode se retirar; ou até mesmo quando está muito eufórica.

Em encontros de evangelização onde haja evangelizando com autismo podem acontecer manifestações desses comportamentos. É fundamental que o evangelizador procure descobrir se há algum estímulo forte ou desagradável que o incomoda, ajudando-o a libertar-se do desconforto.

É interessante constatar que esses comportamentos repetitivos param ou diminuem quando a criança ou o jovem está realizando uma tarefa que lhe agrada ou que apresenta um nível de dificuldade compatível com as suas habilidades.

A orientação dos terapeutas é a de não impedir as estereotipias, na medida em que ela ajuda a pessoa autista a se autorregular. Muitos

---

8. *Facebook.* Postagem de Sue Rubin, em 15/02/2021. Ela é uma roteirista de filmes premiada, não falante, de quem comentaremos mais adiante.

sugerem que seja oferecida alguma atividade interessante ou brinquedo de que ela goste, como meio de redução dessas manifestações.

O número de diagnóstico de autismo tem crescido tanto, que muitas empresas vêm lançando no mercado os chamados brinquedos sensoriais. Em diferentes formatos, cores, tamanhos e texturas, têm, em comum, o oferecimento de conforto a quem os manipula.

Assim, portanto, se virmos uma pessoa autista com os braços dobrados, agitando intensamente as mãos para baixo e para cima, correndo para todo lado, dando pulos, rodando, girando sobre si mesmo, fazendo contorções, estalando os dedos, ou ainda, girando ou balançando objetos, é bom que nos lembremos de que ela, provavelmente, está apenas querendo organizar seus pensamentos, tranquilizar-se, bloqueando os estímulos externos ou, quem sabe, ocupar seu tempo com algo que a satisfaz.

Algumas estereotipias são autolesivas, isto é, podem causar danos à própria pessoa, como morder a si próprio nas mãos ou braços, arrancar peles dos dedos ou da boca, bater com a cabeça no chão ou na parede. Em circunstâncias extremas, há chances de ocorrer movimentos motores que afetam, também, quem está próximo. Tais eventos, apesar de ajudarem a pessoa a se equilibrar mental e emocionalmente, podem ser perigosos e, por isso, deve-se impedir a sua manifestação. Na maioria das vezes, porém, obtém-se êxito substituindo uma atividade negativa por outra que não seja autodestrutiva. Na evangelização, não faltarão, certamente, recursos que possam canalizar a ocorrência desses atos autolesivos para atividades criativas ou de cunho artístico, como a música, a dança ritmada, a pintura e tantas mais.

É importante ressaltar que há uma grande variedade nas manifestações dessas condutas de reorganização nos autistas. Por vezes, elas se manifestam de uma forma bem amorosa: diante da pessoa com a qual está interagindo – um familiar, um terapeuta, ou mesmo, um evangelizador –, ela abaixa a cabeça para receber um cafuné, voltando de vez em quando, para um novo afago.

Uma vez compreendido o que é um comportamento estereotipado, o evangelizador poderá propor atividades que permitam a sua manifestação espontaneamente. O recurso da música com movimentos corporais, a realização de alguma atividade na qual as crianças sejam instruídas a bater palmas, marcando um ritmo, são exemplos do que pode ser feito nesse sentido.

Às vezes, a estereotipia ocorre de forma bem sutil, como no ato de cobrir um papel com tinta, mexendo com o pincel initerruptamente, dezenas de vezes, de um lado para outro. Conhecendo essa forma de reorganizar-se, o evangelizador teria como propor atividades de pintura para toda a turma, concorrendo para a inclusão da pessoa com o TEA.

Ao lado das estereotipias motoras há aquelas consideradas verbais: emissão de sons repetitivos sem nenhuma intenção de fala. Na verdade, são barulhos feitos com a voz.

Amiúde, observando crianças em sessões de terapia com psicopedagogo, vimos realizar a maior parte das atividades manuais emitindo sons ininteligíveis, produzindo barulhos com a boca, gemendo, dando gritos ou repetindo falas como ti-ti-ti-ti... sem parar, durante minutos.

É importante que abordemos esse assunto no contexto da casa espírita, porque não é difícil haver frequentadores que se sintam incomodados com os movimentos repetitivos ou sons produzidos por pessoas com autismo, principalmente se esses ocorrem durante uma palestra, uma prece ou na hora dos passes. O esclarecimento sobre a funcionalidade de tais modos de proceder favorecerá, certamente, a compreensão do que se trata, e tais pessoas, passarão a tomá-los como naturais no contexto autista.

Queremos, ainda, destacar que o contrário da hipersensibilidade – a hipossensibilidade – tem ocorrência prevista no transtorno do espectro autista e merece, igualmente, atenção pelos efeitos que provoca.

Mateus, 5 anos, sempre apertava com muita força tudo o que pegava. Foi dessa forma que destruiu um headphone *do seu pai. Mesmo recebendo severa admoestação, continuou procedendo do mesmo jeito, e acabou destroçando outros dois. Ameaças de castigo ou zangas, não faziam o menor efeito. Essa sua particularidade, juntamente com outras, como tendência a não ter muita interação social com os colegas, embora participasse ativamente de brincadeiras coletivas, e uma profunda rejeição a certos alimentos, fez com que seus pais procurassem ajuda, consultando alguns profissionais de saúde. Os resultados dos testes e exames a que foi submetido, bastante demorados, permitiram fechar o diagnóstico: ele tem transtorno de seletividade alimentar e com autismo nível 1, com características de hipossensibilidade. Conscientes de que apertar em demasia o que está nas mãos é uma característica do seu tipo de transtorno, os pais agora já não lhe chamam a atenção em ocorrência como essa, e estão aprendendo a melhor forma de alimentá-lo. Tais mudanças já estão apontando seus efeitos: Mateus mostra-se mais feliz, consegue interagir socialmente nas brincadeiras de que participa e está alimentando-se melhor.*

A forma de reagir a estímulos internos e externos varia muito de pessoa para pessoa. Em tratando-se do espectro autista, essa variação pode chegar a extremos, indo da hiper à hipossensibilidade.

Mateus enquadra-se nessa última. Pessoas hipossensíveis têm muito alto o limiar de resposta ao estímulo sensorial, fazendo com que elas pareçam insensíveis à dor, sons, sabores, cheiros, estímulos táteis e visuais. Essa é uma situação que exige atenção constante dos cuidadores, pois pode causar danos à pessoa ou mesmo provocar a destruição de objetos – como aconteceu com o menino, ao manipular os *headphones*.

Tal ausência ou lentidão na resposta aos estímulos implica, por vezes, apatia, isolamento, pouco engajamento para iniciar e manter as relações sociais. Para o observador, será aquela criança que brinca sozinha ou, mesmo em ambientes acolhedores, com muitas outras a seu lado – como na evangelização –, que prefere ficar quieta no seu canto. Contudo, nesses casos, como em outros, vale lembrar que o espectro do autismo é muito amplo, comportando grande variedade de condutas. O próprio Mateus não é assim. Reage bem quando está na companhia de outras crianças.

Uns segundos a mais

Uma característica muito presente em pessoas com autismo é a dificuldade de passar de uma situação para outra, responder rapidamente a estímulos, cumprir ordens imediatamente, além de outras, relacionadas aos estímulos sensoriais.

Buscando compreender melhor tais questões, pesquisadores estão descobrindo que há diferenças no cérebro dessas pessoas ao serem confrontadas com as neurotípicas. Essas últimas, rapidamente, processam os estímulos e conseguem passar de uma conexão neuronal para outra, sem problema. Nas que têm o transtorno, a conectividade perdura por mais tempo: 20 segundos. Em outras palavras: no autismo, o cérebro acha mais difícil alternar entre processos distintos. Por exemplo: Nathan, 9 anos, autista nível 1, está com a psicopedagoga fazendo um dever de casa. Um dos exercícios exige que ele some 27 + 27. Ela lê a pergunta e o menino responde certo, sem pestanejar. Quando manda que escreva o total, no caderno, ele balança a cabeça e diz que não sabe. Fica nervoso. Depois de alguns segundos, sem que ela tivesse dito alguma coisa, pega o lápis e escreve corretamente o resultado, demonstrando que sabia, sim, como fazê-lo. Só necessitava de uns segundos para processar a informação.

As pesquisas também evidenciam que a gravidade dos traços autísticos parece aumentar em função da duração da conectividade.[9] Não sendo eficientes em mudar rapidamente de uma ideia ou sensação para outra, as pessoas que estão no espectro podem sentir-se angustiadas quando expostas a vários estímulos de uma só vez, ou quando têm de transitar de um foco mental para outro, em um pequeno intervalo de tempo. Para elas, é indispensável a previsibilidade. Reiteramos que explicar, detalhadamente, inclusive com auxílio de imagens, a sequência de fatos que estão por vir é uma forma de diminuir a ansiedade.

Temos tido oportunidade de ler depoimentos de pessoas adultas com autismo nível 3, que recorriam a comportamentos repetitivos em larga escala, quando eram crianças, como forma de controlar situações nas quais se sentiam perdidas. "De momento a momento, isso ou aquilo podia ser tão imprevisível, fazendo com que meus sentidos se mexessem com tanta intensidade e frequência, que era melhor trabalhar com interruptores, ligando ou desligando para trazer mais previsibilidade para minha compreensão do meu ambiente."[10] É como se nos dissessem: "Quando algo se repete muitas vezes, eu sei o que vai acontecer e isso me deixa mais calmo".

Como é importante sabermos disso!

Aí temos a chave para compreender uma série de comportamentos que pessoas autistas apresentam. Tapar os ouvidos, prender-se a rotinas, apegar-se a objetos ou demorar para dar uma resposta a um pedido ou comando são alguns deles.

Um dos sinais a despertar logo a atenção dos pais, fazendo-os suspeitar de que seu filho tenha autismo, é o fato de ele não responder aos chamamentos, parecendo surdo. Isso ocorre quando a mente está focada em algo em particular. Dividir a atenção entre dois campos distintos de estímulos pode ser difícil para os autistas, como podemos ver no seguinte caso do Léo.

---

9. Artigo de Renata Ferreira de Souza, *Revista Educação Especial*, v. 32, 2019. UFSM.
10. Tito Mukhopadhyay. *How Can I Talk If My Lips Don't Move?*, p. 52.

> Depois de muito tempo, o Léo aprendeu a dar um beijinho quando cumprimenta uma pessoa amiga. Assim, nos encontros sociais, é comum que eu lhe peça para cumprimentar alguém. Apenas dou o comando. Quando a pessoa percebe que ele não se mexeu, supondo-o indiferente, eu solicito que espere um pouquinho e asseguro que ele dará. Daí a meio minuto, aproximadamente, ele se dirige à pessoa e dá o beijinho, voltando, em seguida, para a posição em que se encontrava, dando a entender que retornou ao seu foco mental anterior.

Existe, ainda, outra pesquisa que também nos ajuda a compreender o que se passa no cérebro da pessoa com o TEA.

Em um livro escrito em 2013, bem antes da pesquisa aqui citada, Temple Grandin, 74 anos, pesquisadora, psicóloga e respeitada zootecnista norte-americana, um dos nomes mais respeitados na área do autismo, que se autodefine como tendo "autismo de alta funcionalidade", já havia comentado, em seu livro *O cérebro autista: Pensando através do espectro*, sobre a rapidez dos acontecimentos externos e a sua dificuldade em segui-los.

> Perguntei a mim mesma sobre minha experiência com dificuldade auditiva na infância, quando tentava entender o balbucio das outras vozes dos adultos, que falavam rápido demais para que eu pudesse acompanhá-los. Minha audição tinha dois ajustes: *Desligada* e *Que entrem todos os estímulos*. Às vezes eu me fechava e bloqueava os estímulos. Outras vezes tinha ataques de raiva (p. 91).

Nesse mesmo livro, ela traz uma frase que sintetiza bem essa questão, atribuída à escritora autista Donna Williams:

> [...] mudanças constantes da maior parte das coisas não me davam chance de me preparar para elas [...] o estresse

de tentar alcançar e acompanhar muitas vezes era demasiado e me via tentando diminuir a velocidade das coisas e dar uma pausa (p. 93).

Em resumo, segundo Grandin, a pessoa com autismo precisa preparar-se para o que virá. Necessita, também, de tempo para processar as informações.

Pensar por imagens

Dentre os autistas, numerosos grupos pensam por imagens, à semelhança dessa pesquisadora.

Pessoas neurotípicas têm um amplo repertório de imagens guardadas em sua mente, sendo-lhes fácil acessá-las a qualquer momento. Com os autistas não é bem assim. Marcos Petry[11], um autista muito culto e de grande sucesso nas redes sociais, faz uma cristalina comparação a esse respeito. No seu entender, os neurotípicos têm o cérebro como um armário arrumado, em que cada coisa tem o seu lugar. Querendo acessar qualquer informação ali guardada, basta ir ao local certo para obtê-la, imediatamente. O autista – afirma ele – tem um armário todo desarrumado. Todas as coisas estão lá, mas leva tempo para encontrá-las. É por isso que grande número de autistas tem tanta dificuldade em recontar histórias, sequenciar fatos, dar explicações completas, com início, meio e fim.

Dadas a relevância e as possíveis implicações dessa questão, queremos, uma vez mais, enfatizar a importância de compreender que, no autismo, a prontidão para dar respostas imediatas pode estar prejudicada, em função do tempo mais lento de processamento das informações.

---

11. Um jovem escritor famoso, palestrante e *youtuber,* produtor do conteúdo do canal *Diário de um autista,* oferece cursos nos quais visa promover o entendimento sobre o TEA, compartilhando suas experiências e vivências.

É, ainda, Grandin quem cita uma pesquisa cujos resultados têm aplicação direta na prática educacional. Foram encontradas provas de que, diminuindo a velocidade de um vídeo contendo expressões faciais, os indivíduos com o TEA foram capazes de entendê-las tão bem quanto os neurotípicos da mesma idade. Igualmente, ficou demonstrado que, ao se diminuir a velocidade da emissão de frases, atingia-se mais facilmente a compreensão do seu significado (p. 94). Não é sem razão que os estudiosos do autismo insistem tanto para que, na comunicação com pessoas com o transtorno, usemos frases curtas, ditas com palavras simples e pausadamente, aguardando com calma, pela resposta.

Realmente, inúmeros e variados são os detalhes a reclamar atenção quando promovemos a educação de crianças e jovens com autismo. Contudo, o olhar sensível, a empatia, o estudo aliado à prática e o desejo sincero de incluí-los nos diferentes ambientes sociais em que transitam abrem veredas e apontam possibilidades que impulsionam o nosso caminhar de educadores comprometidos.

A maioria de nós, pais espíritas, já compreendeu a importância de levar nossos filhos para a evangelização nos centros espíritas. Ela tem um significativo papel na formação moral e espiritual das crianças e jovens.

Particularmente em relação às que se encontram no espectro autista ou têm outro tipo de transtorno, ou mesmo alguma deficiência, ouvir falar de Deus e de Jesus é crucial em suas vidas!

Para que possam frequentar a evangelização sem dificuldades, há de se prestar atenção a certos detalhes, às suas características, bem como conhecer suas necessidades, a fim de que se sintam confortáveis durante os encontros. Não há uma receita pronta, porque os autistas, especialmente, são muito diferentes entre si; mas, se houver amor e atenção, eles se sentirão acolhidos.

É necessário que o ambiente seja tranquilo, sem rumores altos e sem grandes estímulos visuais; que os colegas tentem, ao máximo possível, falar em um tom de voz mais baixo, assim como o evangelizador.

Na comunicação, deve dar-se preferência a frases curtas, objetivas, com boa articulação das palavras, em ritmo normal e nunca apressado. Assim agindo, eles tenderão a compreender e reagir bem à comunicação.

O ideal é que, por ocasião da chegada de uma pessoa com autismo no grupo espírita, todos os presentes conheçam um pouco a respeito das suas particularidades e das suas dificuldades, para conseguir interagir com ela de forma correta. É interessante que a comunicação seja sempre por meio de uma linguagem simples e direta e, principalmente, que se procure perceber se eles estão se sentindo confortáveis no ambiente.

Fixações

Outra ocorrência bem comum entre as pessoas com autismo, sobretudo crianças, são as fixações. Elas se expressam de variadas maneiras: passar muito tempo olhando as próprias mãos ou algum aparelho que tenha movimento rotatório, como ventiladores e máquinas de lavar roupa com visor, ou observando objetos que produzem sons repetitivos, como o tic-tac de um relógio, ou ainda coisas que tenham luzes brilhantes e pisquem.

Certos objetos também podem transformar-se em alvo de fixação para o autista, gerando apego, como um paninho, um bichinho de pelúcia, um brinquedo ou qualquer outra coisa que lhe faça tanto sentido, que deseje ter à mão. Essa proximidade tem, para muitos, a capacidade de transmitir uma sensação de segurança, ajudando-os a enfrentar situações com excesso de estimulação sensorial ou que, por exemplo, cause ansiedade.

Observamos crianças que estão todo o tempo segurando ou mantendo junto de si tais objetos de fixação. Realizando atividades no computador, montando quebra-cabeça, pintando, cantando ou trazendo bem pertinho o seu objeto de apego, como Samuel, que não largava seu carrinho durante os encontros de evangelização. Seu prazer era colocá-lo na mão, virado ao contrário, e fazer suas rodas girarem, sem parar. Esse jeito pouco usual de manipular brinquedos, interessando-se mais por um detalhe, uma parte, do que pelo todo, é um traço bastante frequente entre os autistas.

Presentemente, já se encontram à venda os brinquedinhos sensoriais aos quais mencionamos anteriormente, que têm a função de tranquilizar ou, até mesmo, oferecer algum conforto emocional ao autista quando algo começa a fugir ao seu controle.

No cento espírita, em situações dessa natureza, o evangelizador precisa aceitar que a criança com autismo fique com o objeto de apego, sem questioná-la ou querer retirá-lo dela. Desse modo, todos precisam estrar preparados para ver, por exemplo, meninas que não largam sua Pepa, a porquinha cor-de-rosa do desenho animado, ou meninos agarrados ao boneco do seu super-herói favorito. Quando precisam usar as mãos, arranjam um jeito de colocá-los bem próximos a si. São suas companhias inseparáveis.

Dependendo do nível de perturbação causada por ventiladores ou outros objetos de fixação que haja no ambiente, aconselha-se que sejam desligados ou retirados para não desviar a atenção do evangelizando com autismo.

Uma coisa de cada vez

Pedro, 5 anos, diagnosticado com autismo nível 2, é atendido em uma clínica por uma terapeuta ocupacional com pouca experiência. Todas as ocasiões em que ele consegue escapar da sessão, corre até um arbusto que há no jardim e começa a arrancar folhas e picá-las.

Certo dia, assim que chegou, correu para o jardim e come-
çou a tirar e cortar as folhas... Era a hora da terapia. A mãe,
que o acompanhava, retirou-o de lá, à força. Foi arrastado
para a sala onde seria atendido. Reagia chorando e gritando
muito. Na tentativa de acalmá-lo, além da mãe, entraram na
sala a coordenadora e uma copeira. Todas falavam ao mesmo
tempo, sobressaindo-se a voz da terapeuta, muito elevada.
Cada qual dava uma sugestão de como proceder. O menino
contrapunha-se chorando ainda mais e gritando alto. A dire-
tora da clínica chegou e pediu para ficar a sós com a criança
e sua terapeuta, solicitando-lhe que apenas observasse, sen-
tada, e em silêncio.

Dirigindo-se à criança, com o dedo indicador colocado
bem diante dos seus olhos, fez o gesto de apontar para uma
cadeirinha. Ainda chorando, ele sentou-se. Pediu, então, à
profissional que fosse buscar umas folhinhas daquela planta
e lhe desse. Devagarzinho, ela passou a cortá-las. A criança
foi diminuindo o choro e acalmando-se. Quando terminou,
entregou os pedacinhos à criança, pedindo que os jogasse no
lixo. A partir dali, deixou-a com a terapeuta que conduziu a
sessão sem que ele voltasse a ter qualquer problema.

No momento da avaliação das atividades do dia, a diretora
reuniu todas as envolvidas e explicou que o choro, na pessoa
com o TEA, é um sinal de que ela está sofrendo. Ressaltou
que ter várias pessoas falando ao mesmo tempo só agrava a
situação. Destacou, ainda, a relevância de falar-se de forma
educada, evitando aumentar o tom da voz.

É natural que pessoas que veem uma criança em crise desejem ajudar. No entanto, em tratando-se das que têm o TEA, a
melhor forma de colaborar é deixar que se reorganizem, tran-
quilizando-se naturalmente, ou que sejam assistidas por alguém

competente. No presente exemplo, diferentes intervenções das pessoas que vieram acudir somente atrapalharam.

Este episódio poderia ter ocorrido na evangelização. A solicitude é uma das marcas dos educadores espíritas. Entendendo a complexidade das reações, que por vezes ocorrem nas crianças com autismo, aqueles desejosos de socorrer precisam compreender que muita gente falando e comentando ao mesmo tempo piora o quadro. Pode parecer pirraça, mas, na maior parte das vezes, é crise.

Fátima de Kwant, um dos nomes mais respeitáveis na área do autismo, aborda muito bem esse tema. Mãe de Edinho, um jovem autista que não para de evoluir – agora aprendeu a dirigir carro –, tem uma intensa produção de textos positivos e objetivos nas redes sociais[12]. Consideramos didática a sua forma de distinguir birra de crise.

> Uma birra é uma estratégia que a criança cria para ganhar o controle da situação. Uma crise é a incapacidade de uma criança lidar com uma situação desafiadora que ela possa enfrentar. Há uma diferença entre ambas. Aos pais cabe a tarefa difícil de antecipar situações que podem desencadear uma crise. Uma das regras ao lidar com uma verdadeira crise: não castigue o comportamento da criança, pois isso pode aumentar o seu medo e agravar a crise. Em vez disso, escolha ser paciente, mesmo que seja difícil se controlar, pois é mesmo uma situação desafiadora.[13]

São muito oportunas suas sugestões de como agir com a criança nas horas de crise. Dentre muitas, destacamos aquela que tantos recomendam: deixá-la ciente de todos os passos que virão a seguir, em cada situação ou atividade.

---

12. Mantém um blog e um perfil no Instagram (@fatimadekwant). Alguns de seus textos ganharam grande visibilidade, como *Enxergando além do autismo: vivência de uma mãe*.

13. Texto extraído do blog de Fátima de Kwant.

OS DESAFIOS DA COMUNICAÇÃO

Diferentes formas de comunicar-se

Jonny, 7 anos, está na evangelização desde os cinco. Sua comunicação pela fala é bastante comprometida. Só consegue emitir sons incompreensíveis. Está sempre muito sério. Quase não sorri. Para auxiliá-lo nos encontros da evangelização, ele conta com a ajuda de Ângela, uma evangelizanda da Juventude. É ela quem organiza o seu material e os dispõe sobre sua mesinha de trabalho. Como está bastante familiarizado com o ambiente da evangelização, aceita bem os comandos para executar as atividades. Naquele dia, a proposta era muito simples: reconhecer, dentre várias figuras impressas em quadradinhos de papel plastificado, que já se encontram sobre a mesa, as que representam frutas, emparelhando-as com as que estão impressas em uma folha de papel à sua frente.

Em uma prateleira próxima, ele encontra uma pecinha de Lego que acabou ficando fora da caixa onde é guardada.

*Brincar com esse material é uma das suas atividades favori-
tas. Ele pega a pecinha e sai correndo de um lado para outro,
sem parar. Ângela chama-o, mas ele não vem. Então, ela espera que se aquiete e, passados uns minutinhos, vai ao seu
encontro. Mostrando o material que usará na atividade, ela
o atrai até a mesinha. A partir daí ele senta-se e aceita fazer
a tarefa sem interrupção. A jovem diz:*

*– Veja, é aquela atividade de encontrar a figurinha igual.
Olhe! Pegue a banana. Agora coloque no lugar que tem outra banana no papel.*

*Como conhece a atividade, realiza quase toda a tarefa, com
facilidade. No primeiro acerto, ela bate palmas, incentivando-
-o com palavras de estímulos, como sempre faz. Ele abre um
grande sorriso e emite um som ininteligível. Aceita fazer mais
um pouco da tarefa e, de repente, sai e corre para a prateleira
onde encontrou o Lego – o local onde a caixa das peças é guardada. A partir daí, Ângela pergunta se ele quer brincar com
aquele material. Ele não responde, mas estica o braço para a
prateleira, tentando alcançar a caixa que está no alto.*

Esse exemplo nos revela que, embora sem o uso da linguagem
falada, Jonny se comunica, entende o que se fala com ele e sabe
demonstrar o que quer.

Como vimos anteriormente, dependendo do grau em que o
autismo se apresenta, a comunicação pode ficar prejudicada. A
intensidade do prejuízo varia muito de pessoa para pessoa e,
principalmente, das intervenções feitas. Crianças que começam a
estimulação precoce da fala podem apresentar melhoras extraordinárias, segundo estudos existentes. Mesmo entre aqueles que
começaram os tratamentos mais tarde, desde que bem acompanhados por equipes multidisciplinares e, particularmente, de fo-
noaudiólogos, podem obter ganhos nesse quesito.

Pensando no educador espírita, é importante que ele saiba que muito pode ser feito em termos de comunicação, mesmo nos casos em que a fala é incompreensível.

No exemplo de Jonny, o fato de não ter aderido ao comando imediatamente deveu-se ao interesse despertado pela peça de Lego encontrada. Pegá-la e mantê-la consigo foi uma maneira de dizer "Quero brincar com isso". Contrariado, usa a correria de um lado para outro a fim de reorganizar-se. No momento em que se acalma, vê e reconhece as figuras que Ângela lhe mostra, dirige-se à mesinha, demonstrando que entendeu rapidamente o comando. Bastou que ela colocasse todos os elementos da tarefa na sua frente e mostrasse o que era para ser feito, para que ele a realizasse corretamente, embora de forma incompleta.

Na comunicação com o menino, a auxiliar usou tanto o recurso da fala quanto o da simples apresentação do material, e ele respondeu bem aos dois. Exteriorizando sua alegria, ele sorriu feliz quando ela o parabenizou pelo acerto.

Em termos de dificuldade na comunicação, o espectro é, realmente, bem amplo. Há pessoas que não conseguem comunicar-se nem pela fala, nem por outros meios – gestos, expressões faciais, linguagem corporal, ou emissão de quaisquer sons. Em geral, são aquelas cujo TEA se enquadra no nível 3, com total dependência de suporte, associado à deficiência intelectual. Encontram-se outras que, embora não falem, com treinamento conseguem expressar-se, utilizando recursos pictóricos ou algum tipo de tecnologia hoje existente. Há, ainda, aqueles que falam perfeitamente ou, com algum embaraço e, não raro, é possível encontrar os que falam bastante, parecem ser bem articulados, mas não compreendem direito o que dizem.

Merece destaque aqueles casos nos quais se observa a ausência de linguagem funcional, embora haja a fala. Um exemplo típico é o de Paulo, 14 anos. Ele sabe ler, é capaz de fazer leitura oral, associa imagens a palavras, falando em voz alta, repete o que ouve, mas não consegue usar a fala para comunicar-se por sua livre iniciativa. Entre outros tratamentos, faz terapia ocupacional. Sempre, depois das sessões, a mãe o leva para a aula de natação – uma das suas atividades prediletas. Quando ela lhe pergunta para onde irão ao saírem dali ele não consegue dar nenhuma resposta. Mas, se ela fala "Agora vamos para a natação, não é?", ele repete "Natação", esboçando um leve sorriso. Paulo jamais interagiu com alguém usando a fala, apesar de todos os tratamentos e as infinitas tentativas de estimulação realizadas por sua mãe.

Esse caso é completamente diferente do de Samuel que, mesmo tendo um significativo déficit de linguagem, consegue falar. Às vezes, trata-se de uma fala desarticulada do contexto, sem ter nenhuma intenção de comunicação, como ocorreu durante aquele encontro de evangelização no qual disse várias vezes a palavra verde, ouvida de um colega. Esta repetição, pura e simples, de palavra ou frases que foram ditas por alguém próximo ao autista é chamada de ecolalia. Ela também pode manifestar-se tardiamente, com a emissão de falas sem sentido, e completamente fora do contexto, de personagens, *slogans* e chavões que ouviu em alguma mídia.

Uma evangelizadora relatou-nos haver na sua sala um garoto que, do nada, dizia: *"Avante, vingadores! Avante, vingadores!"* – o bordão icônico do Capitão América. Outras vezes, ele cantava, nas horas mais impróprias, uma música aprendida nas infinitas vezes em que assistira aos vídeos do desenho infantil de aventura e ação, protagonizado por seis cãezinhos. Bastava cantar *"Patrulha canina, patrulha canina, sempre que houver problema, nós estaremos prontos"* para a turma fazer coro, trazendo um clima descontraído para o ambiente.

Portanto, não é de estranhar que na evangelização haja crianças ou jovens que falem, cantem ou repitam coisas que ouviram, sem nenhuma relação com o contexto. Por vezes, eles até conseguem falar muito direito, fazer comentários usando longas frases, mas não têm perfeita noção do que estão dizendo. Para que não sejam alvo de críticas ou gozações, todos têm que entender que isso é um dos traços de quem está no espectro autista e cumpre aos educadores preparar a turma para tratar tais falas ou atitudes como naturais.

Independente das singularidades dos autistas, há que se ter sempre cuidado na comunicação. Instruções devem ser curtas, claras e bem fragmentadas. Ex: "Pegue a massinha vermelha". "Agora pegue a verde". "Vamos fazer uma maçã".

É preciso lembrar que o repertório de respostas, na interação, é muito pequeno. Inúmeros autistas respondem por monossílabos. "O que você fez ontem?" – Vídeo. "Ah, você viu um vídeo? Você gostou de ver o vídeo?" – Sim. " Ah, então você gosta de ver vídeos".

Essa é uma forma de estimular e mostrar como a pessoa pode ampliar a comunicação. Mas, antes de tudo, é preciso não a excluir da conversa por sua dificuldade de comunicar-se. Um cuidado que se deve ter é evitar usar metáforas e, caso os colegas as utilizem, o evangelizador deve explicar o seu sentido, para que a criança entenda e continue a sentir-se incluída na conversa. Às vezes, ela pode sentir-se excluída, desinteressar-se e voltar-se para si mesma.

Comunicação por figuras

Duda, 10 anos, frequenta escola regular e aos sábados participa da evangelização espírita com colegas da sua idade. Mesmo tendo autismo e não se comunicando por meio da fala articulada, consegue fazer-se entendida. É que ela traz consigo um pequeno álbum, contendo figuras destacáveis de coisas e ações; e sempre que quer algo, retira a que expressa esse desejo e a entrega a seu interlocutor. De tanto fazer isso em casa, na escola e nas terapias, sabe encontrar rapidamente a figura que retrata o seu desejo e, assim, consegue interagir com facilidade, o que nem sempre acontece com os que não usam funcionalmente a fala, ou se expressam por gestos ou alguns sons.

É possível que algumas pessoas não saibam o que é esse pequeno álbum que Duda traz sempre consigo. Para facilitar a compreensão, vamos abordar, ainda que ligeiramente, o contexto teórico-prático no qual ele se insere.

Seu álbum é derivado de um sistema de comunicação que faz parte da Tecnologia Assistiva (TA), uma área do conhecimento que se propõe a promover ou ampliar habilidades em pessoas com privações funcionais, em decorrência de alguma deficiência. Uma das modalidades dessa tecnologia é a Comunicação Alternativa e Ampliada – CAA. O Braille (método de leitura para cegos) e a Libras (língua brasileira de sinais) são dois de seus exemplos.

Comunicação Aumentativa e Alternativa – CAA

Em uma definição muito citada, duas profundas conhecedoras e divulgadoras desse tema, Rita Bersch e Carolina Schirmer[14] explicam que:

> A Comunicação Aumentativa e Alternativa - CAA - é uma das áreas da TA que atende pessoas sem fala ou escrita funcional ou em defasagem entre sua necessidade comunicativa e sua habilidade em falar e/ou escrever. Busca então, através da valorização de todas as formas expressivas do sujeito e

---

14. *Ensaios pedagógicos. Construindo escolas inclusivas* (p. 87 a 92). Publicação do MEC.

da construção de recursos próprios desta metodologia, construir e ampliar sua via de expressão e compreensão. Recursos como as pranchas de comunicação, construídas com simbologia gráfica (desenhos representativos de ideias), letras ou palavras escritas, são utilizados pelo usuário da CAA para expressar suas questões, desejos, sentimentos, entendimentos.

Além desses recursos, considerados de baixo custo, há outros de alta tecnologia que usam pranchas interativas com produção de voz, ou mesmo computador contendo recursos que facilitam a comunicação.

São extraordinários esses meios, porque permitem sair do isolamento em que se encontram os que não conseguem usar a fala ou a escrita de forma funcional.

PECS

A Duda está, na verdade, fazendo uso de um sistema de comunicação por troca de figuras, o PECS (The Picture Exchange Communication System), um dos recursos utilizados na Comunicação Alternativa e Ampliada (CAA).[15] Consiste em uma adaptação do PECS desenvolvido inicialmente nos EUA, que no Brasil recebeu o nome de PECS-Adaptado. Consiste de uma metodologia com cinco passos que devem ser seguidos na sua implementação. Comumente, os terapeutas o introduzem e esperam que as famílias, aderindo, ajudem a treinar a criança ou o jovem na sua utilização.

No centro espírita, em geral, e na evangelização, em particular, sugerimos que procure saber se a pessoa com autismo que ali está

---

15. Sobre a CAA há também um excelente artigo de Cátia C. F. Walters (2011) explicando, em detalhes, esse assunto. (Ver bibliografia).

usa esse tipo de comunicação. Diante de resposta positiva, será muito bem-vinda a pasta (ou similar) de PECS que ela emprega para se comunicar. Será uma bela forma de oferecer acessibilidade comunicacional. Esse sistema tem-se mostrado um poderoso aliado na comunicação das pessoas com TEA.

Como foge ao escopo deste livro explicar todo o seu detalhamento, nos limitaremos a dar uma explicação geral, lembrando que há, na internet, uma série de vídeos sobre o tema.

No início, a pessoa com autismo é, paulatinamente, treinada a utilizar figuras para manifestar o que está querendo ou sentindo. Para isso, ela dispõe de uma série de fotografias, gravuras ou simples desenhos previamente presos em tiras de velcro, que ela escolhe, retira e a entrega ao seu interlocutor.

Compreendendo que, levando a figura até ele, terá seu desejo atendido, o processo é expandido. O passo seguinte é construir uma pasta, em formato de ficheiro, com páginas contendo várias tiras coladas, de velcro, onde serão presos cartões plastificados, com velcro no verso. Tais cartões estamparão diferentes figuras do dia a dia da pessoa que os utilizará, o que facilitará a comunicação.

Com a evolução dessa prática, a pasta conterá, ao invés de somente figuras, uma tira da largura do cartão, também plastificada, com velcro, de onde a pessoa retira e escolhe as figuras e, com elas, compõe uma frase. Por exemplo, a frase "Eu quero tomar leite quente". Para cada palavra há uma figura correspondente. Ela destaca do lugar onde se encontram guardadas, prende na referida tira, ordena de modo a fazer sentido e entrega ao interlocutor.

Exemplos de uma prancha de PECS e de cartão.[16]

Além dessa pasta, a pessoa com autismo também pode carregar, assim como a Duda, um pequeno álbum, guardado em uma pochete ou bolsinha, contendo figuras e tiras em velcro para prendê-las, formando frases, de acordo com o seu treinamento. Assim ela poderá interagir com outras pessoas de uma forma bem prática.

Em relação ao PECS, deixamos aqui três recados aos evangelizadores.

16. **Fonte:** Mara Lúcia Sartoretto e Rita Bersch, 2021.

1° Faça do espaço do seu trabalho mais um lugar onde a criança ou o jovem com autismo possa utilizar o PECS. Como eles tendem a não generalizar aprendizagens feitas em um dado contexto (lar, escola, terapia), transferindo-os para outros, estimular o seu uso ajuda a reforçar a ideia de que aquela é uma boa forma de comunicação.

2° Dê um "empurrãozinho". Pergunte: O que você quer? Há pessoas que não têm iniciativa de começar a comunicação. Às vezes, é preciso dar uma ajuda, pegando o material e estimulando a troca. E, a cada tentativa bem-sucedida de conversar usando o PECS, elogie, faça a pessoa sentir a sua satisfação em ver o seu esforço.

3° Incentive a família que desconhece o PECS ou, que mesmo conhecendo, ainda não o emprega, a informar-se a respeito das suas vantagens. É bem provável que se torne adepta dessa forma alternativa de comunicação com a sua criança ou jovem não oralizado.

Quadro de rotinas

Já fizemos várias referências ao quadro de rotinas quando discorremos sobre a importância da previsibilidade de pessoas com o TEA. Chegou a hora de detalhá-lo.

Em função da necessidade que têm de se preparar para o que virá, há alguns anos terapeutas orientam os pais e educadores a criarem quadros com figuras (fotos, desenhos ou pictogramas) contendo a sucessão dos fatos que irão acontecer ao longo de um determinado período ou a cada etapa de uma dada atividade. Bastante comuns são os quadros discriminando o passo a passo de atividades de vida diária, como o banho, ou mostrando os horários de cada atividade programada para o dia. Assim como os PECS, também são montados em algum tipo de base como cartolina, papelão, pano, feltro, papel cartão plastificado, ou similares, contendo tiras de velcro nas quais são afixadas as figuras que descrevem cada ação a ser cumprida.

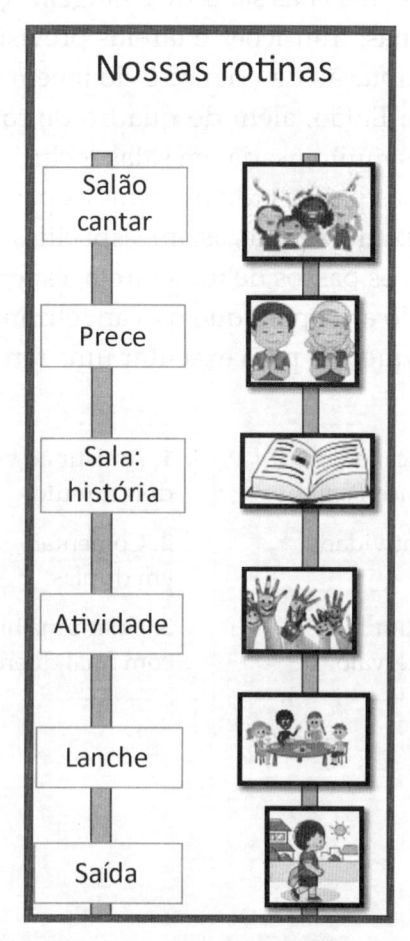

Quadro de rotinas: exemplo de um dia de evangelização.

Há situações nas quais a gravidade do autismo, aliado à deficiência intelectual, impede a pessoa de entender elementos pictóricos. Para essas, o quadro de rotinas funciona melhor se apresentar miniaturas de objetos concretos. Com o tempo, talvez seja possível passar para fotos, desenhos até chegar nos pictogramas.

Seja dessa forma, ou de outra qualquer, os quadros de rotinas são extremamente úteis nas salas de evangelização.

Manter as rotinas, transições e tarefas previsíveis é muito importante para adaptação da criança e do jovem com autismo em uma sala de aula. Então, além do quadro de rotinas, uma outra estratégia simples muito usada em salas inclusivas é dividir uma tarefa em pequenas partes e demonstrá-las passo a passo para o aluno. A evangelizadora pode, assim, especificar, em detalhes, no quadro ou cartaz, os passos de uma tarefa, especialmente em trabalhos envolvendo arte, para que o evangelizando esteja em sintonia quanto à sequência para executar uma tarefa. Por exemplo:

1. Vou explicar a lição usando o *PowerPoint*.
2. Faremos atividade com o *Lego*.
3. Teremos um pequeno intervalo.

1. Assistir ao vídeo de dois minutos.
2. Comentar em duplas.
3. Criar uma história com final diferente.

BARREIRAS NA COMUNICAÇÃO QUE INFLUEM NA INTERAÇÃO SOCIAL

Yuri, 9 anos tem autismo nível 1. Gosta de ler e ver seriados na televisão. Tem inclinação para a pintura e já produziu belos quadros que enfeitam as paredes da sua casa. Na conversa com ele, mal se percebem alguns traços autísticos. Interage bem com adultos, mas não com crianças da sua idade. Não tem amigos. Na escola, está sempre sozinho. Tem um ótimo desempenho escolar. Com uma observação mais acurada, percebe-se que tem certa dificuldade em conversar, porque não consegue organizar, corretamente, os pensamentos. Os adultos com os quais convive, conhecedores dessa sua fragilidade, praticamente traduzem o que ele está querendo dizer, completando suas frases. Com as outras crianças isso não ocorre. Elas simplesmente se afastam quando percebem que a conversa não flui direito. Sem conseguir entender o que se passa, acabam enquadrando-o como alguém esquisito. E, em casos mais graves, fazendo bullying.

O caso do Yuri nos dá uma nítida demonstração das barreiras que o evangelizador terá que enfrentar no acolhimento à criança com o TEA. Os obstáculos que ela encontra na área da comunicação vão mais além: em inúmeras situações, não consegue interpretar, com clareza, aquilo que os outros estão dizendo ou sentindo.

As relações sociais dos seres humanos são complexas. Nelas estão presentes, não somente as palavras, mas os chamados comportamentos não verbais, como a troca de olhares, de sensações, de expressões faciais ou corporais. Mas, para que haja compreensão mútua, é preciso que se saiba "ler a mente do outro".

Muitos de nós nos lembramos de quando fazíamos um malfeito e a mãe dizia, com o cenho fechado: – "Bonito, hein! Muito bonito!"

O tom de voz e a cara fechada eram os elementos que nossos cérebros usavam para compreender a ironia que estava por trás daquelas palavras. Nós não tínhamos dúvidas de que o "bonito" significava repreensão ou castigo. Ou seja, conseguíamos ler os pensamentos da mãe e prever as consequências que adviriam.

A essa capacidade de nos colocarmos "na pele" de outra pessoa, compreendendo que tem pensamentos, emoções e desejos diferentes dos nossos, deu-se o nome de teoria da mente. Ela nos faz compreender o funcionamento dos nossos próprios estados mentais, bem como os das outras pessoas, o que permite que imaginemos suas respostas aos nossos atos. Apesar da denominação, não se trata de nenhuma teoria, no sentido estrito da palavra. O exemplo que se segue, passado em um encontro de evangelização espírita, ilustra bem esse conceito.

Daniel, 6 anos, tem autismo nível 1. Naquele dia, parte da criançada está montando um cenário numa caixa de papelão, enquanto a outra colando peninhas coloridas em uns passarinhos, que serão os personagens de um teatro de varetas a ser montado e apresentado. Daniel faz parte do grupo responsável pela colagem das peninhas. Alda, a evangelizadora, está interagindo com ele. Em dado momento, diz: "– Daniel, pega essa peninha azul para mim" – e aponta para a vermelha que está próximo a ele. "– Mas é vermelha! "– responde. Imediatamente, ela conserta: "– Claro. É vermelha." E ele questiona: "– Mas se você sabia que era vermelha, então, por que disse azul?"

A partir daí, segue-se uma fala insistente do menino que indaga, várias vezes, sobre o porquê de ela ter falado azul, quando não ignorava que era vermelha. Mesmo a evangelizadora respondendo que falou sem querer, que disse uma coisa no lugar de outra, o menino não se convence. Naquele dia, ainda iria perguntar a mesma coisa mais duas vezes, em momentos diferentes. A sua incapacidade de se colocar no lugar da evangelizadora, e entender o que se passara na sua mente, demonstra que tem um déficit na teoria da mente.

Uma das particularidades do TEA é justamente essa: a dificuldade que a pessoa tem de compreender que o outro pode pensar diferente dela. Ou seja: Daniel, que tinha certeza de que a peninha era vermelha (sua crença), não consegue aceitar que Alda não pense exatamente igual a ele. Julga que ela jamais poderia dizer que a peninha era azul, quando sabia que era vermelha.

Vejamos outro exemplo. Trata-se de um teste em que se procura avaliar se a criança tem déficit na teoria da mente[17].

Apresenta-se à criança uma boneca (Lindinha) e uma folha de papel com os desenhos de uma garagem e de uma árvore.

– Aqui está a Lindinha. A Lindinha quer encontrar o gato dela. O gatinho pode estar escondido na árvore ou ele

---

17. Teste apresentado na tese de doutorado de Eliane Sousa de Oliveira Fernandes, 2018. (Ver bibliografia).

pode estar escondido na garagem. Onde você acha que o gato dela está? Na árvore ou na garagem? (Questão sobre a própria crença).

Se a criança escolhe a árvore, diz-se:

– Esta é uma boa escolha, mas Lindinha acha que o gatinho está na garagem.

Caso a criança opte pela garagem, inverte-se a opção da boneca.

– Então... onde a Lindinha vai procurar o gato dela? Na árvore ou na garagem? (Questão sobre a crença do outro)

Uma criança neurotípica irá responder o oposto do que respondeu na questão sobre sua própria crença. Ela dirá: "na garagem", pois o eu retrata o pensamento da boneca. Ou seja, ela é capaz de distinguir o que ela pensa (crença), do que pensa o outro. A criança diagnosticada com autismo não faz essa distinção. Sua resposta se baseia no que ela pensa, sem conseguir se colocar no lugar do outro. Continuará a responder "na árvore", como da primeira vez.

Nela, essa habilidade de inferir o que os outros pensam (crenças, desejos, intenções), com o objetivo de explicar ou predizer seus comportamentos, está prejudicada. Como consequência, nem sempre entende as intenções e pensamentos externos aos seus, pois, ao se fixar no seu ponto de vista, não obtém êxito em atender as expectativas alheias, algo que os neurotípicos fazem de modo natural.

Daniel não logrou compreender o pequeno equívoco de fala de Alda. No exemplo do teste, a criança não saberá predizer o comportamento da boneca.

Há estudos que apontam que certos traços autísticos seriam decorrentes do déficit na teoria da mente. Ao falhar na compreensão das crenças, intenções, ironias, metáforas e sutilezas; ao não alcançar o duplo sentido e tudo o que se esconde atrás das palavras, das expressões e dos gestos, a pessoa com autismo acaba tendo uma grande desvantagem social. Essa lacuna na apreensão afeta, diretamente, a relação com o outro, pois não compreende muitos dos seus atos, nem tampouco situações que podem decorrer dessa sua incapacidade.

Pelo fato de terem interesses restritos, muitos dos que têm autismo, mesmo no nível 1, não conseguem compreender que é preciso estar aberto aos interesses dos outros, para que esses também possam se interessar pelos seus.

Em virtude dessas dificuldades de comunicação, é necessário que tudo seja bem explicado, os pormenores esclarecidos e que não haja duplo sentido na fala, para que a interação com a pessoa com autismo flua bem. Temos que nos lembrar, o tempo todo, de que ela é bem literal, interpreta tudo *ao pé da letra*. Aliás, essa expressão seria uma daquelas que ela não conseguiria entender de pronto!

É, ainda, devido a essa falta de domínio com a teoria da mente, que uma grande quantidade de crianças com o TEA mostra prejuízos nas habilidades de fingir, enganar ou brincar de faz-de-conta, assim como dificuldade na compreensão de emoções. Embora consigam inferir que emoções possam ser causadas por ocorrências vividas pelo outro, não conseguem deduzir, a partir de determinadas situações, o que fez despertar no outro um estado emocional. Por exemplo: uma mãe tem um filho que mora no exterior, não o vê há três anos e sente muita saudade. Certo dia, ao atender uma chamada telefônica, tem uma enorme surpresa: seu filho anuncia que deverá chegar no próximo final de semana. Ela grita, ri e chora, ao mesmo tempo. Se um autista estiver do lado, dificilmente entenderá o porquê dessa reação, ainda que receba uma explicação. Uma grande parte deles não consegue entender os estados emocionais do outro, pois não são *bons leitores de mente*.

Marcos Petry relata, em um de seus vídeos, que não conseguia entender por que as pessoas choravam quando alguém morria.[18]

---

18. Autismo & Morte.

A expressão: "vou sentir muito sua falta" não fazia o menor sentido para ele, até o dia em que morreu um dos seus melhores amigos. Juntos, eles haviam feito planos e trocado muitas ideias. Somente quando ele percebeu que a partir da sua ausência, em decorrência da morte, já não poderia mais contar com o parceiro, foi que ele entendeu o significado da falta. Diz: "– Sua ausência é o que vai ficar."

Isso vem nos mostrar que a pessoa com o TEA, embora tenha dificuldade com a teoria da mente, pode, sim, aprender a superar essa limitação. O mesmo vale para a questão de não saber fingir ou entender metáforas e ironias.

Atenção compartilhada

Quem convive com a criança no seu primeiro ano de vida, já deve ter testemunhado um momento ímpar no seu desenvolvimento e que se dá por volta dos nove meses: o compartilhamento da atenção. Normalmente, ocorre da seguinte maneira: ela está com um adulto no ambiente e deseja apanhar um objeto que está longe do alcance da sua mão. Na tentativa de pegá-lo, ela espicha o braço e tenta agarrá-lo com a sua mãozinha. Como não consegue, olha para o adulto. Esse, interpretando o seu gesto, entende que ela quer pegar o objeto e lho entrega. Basta que isso ocorra algumas vezes para que a criança incorpore, no seu repertório, o gesto de apontar sempre que está querendo algo fora do seu alcance.

A partir daí, passará a compreender o mesmo gesto quando é dirigido a ela. Então, se alguém olha em sua direção e aponta um brinquedo, por exemplo, é para ele que ela irá dirigir o seu olhar. Ou seja, quando a criança acompanha o olhar do adulto, está compartilhando com ele o foco da sua atenção. Nascida da interação social, essa é uma conquista que está estreitamente relacionada à capacidade de entender o que o outro está pensando (teoria da mente).[19]

Conseguir compartilhar a atenção com outra pessoa é imprescindível nos processos de aprendizagem. O fato de não ser capaz de fazê-lo, como acontece com a maioria dos autistas, causa, muitas vezes, interpretações errôneas, por parte do observador, podendo ser confundido com falta de atenção, distração excessiva ou desinteresse. Por isso, alertamos os evangelizadores para que compreendam melhor a questão e busquem meios de contornar essa dificuldade específica.

Em uma pesquisa conduzida por uma terapeuta ocupacional[20], encontramos dados que evidenciaram sucesso em obter a atenção compartilhada de crianças com autismo. Dela participaram quatro crianças, de sete e onze anos de idade. Duas falavam perfeitamente, e as outras duas não faziam uso da fala. Todas estavam em tratamento em um espaço de reabilitação e reintegração voltado para o TEA. O trabalho foi realizado por meio de atividades lúdicas com ênfase no uso da linguagem e na construção mental do conhecimento, com base na teoria sociointeracionista, de Lev Vygotsky. Cada criança participou de uma sessão semanal com a terapeuta ocupacional, durante dois meses. Segundo a autora, as atividades buscavam atender às necessidades específicas de cada criança; as sessões ocorriam em um clima muito divertido, em um local que incluía diversos brinquedos e equipamentos atrativos, como balanços, pneus, um pequeno escorregador de lona, caixas de areia, entre outros. Nesse ambiente descontraído,

---

19. "A criança que aponta para algo está favorecendo o compartilhar de sua atenção com um adulto. Isso fornece uma janela para a mente do outro e, subsequentemente, possibilita o ajustamento à posição do outro", registram Vera S. R. Bussab e outros, 2007.

20. Dissertação de Mestrado de Graziane Valeriano Nunes: "A relação entre atenção compartilhada e processos de significação no desenvolvimento de crianças com transtornos do espectro autista".

a terapeuta ocupacional ajudava as crianças a alcançarem sucesso em atividades que, provavelmente, não ocorreriam se brincassem por conta própria.

Para tanto, o primeiro passo foi levá-las a criar uma relação com alguns desses materiais existentes na sala. Funcionava assim: a terapeuta, à medida que mostrava à criança um determinado brinquedo, buscava atrair a sua atenção, explicando o que era, como funcionava e, principalmente, deixando-o nas suas mãos para que o manipulasse à vontade. Quando a criança se sentia atraída por um equipamento – o escorregador por exemplo –, ela a convidava a subir, dizendo palavras de encorajamento. Brincando e ouvindo o que era dito, ela conseguia compreender o significado das palavras da terapeuta e passava a atribuir sentido ao que estavam fazendo. Nessa condição, era capaz de compartilhar a atenção.

O relato da pesquisa, rico de fotografias e descrições, oferece inúmeras oportunidades de se constatar tal fato. Eis uma delas: a criança, depois de explorar o ambiente, vai até o escorregador e coloca um pé no degrau (são apenas três). A terapeuta interpreta o seu ato dizendo: – Você quer subir? Vamos! Olha: um, dois e três – fala, à medida que vai galgando, um a um, os degraus. Depois de várias sessões, quando ela dá o comando "Vamos, sobe!", a criança vai subindo no ritmo aprendido, enquanto ela conta "um, dois e três".

O resultado apontou que quando se usa a fala e se constrói, pela ação conjunta, uma história de relação com a criança, permitindo que ela vivencie experiências cheias de sentido e de significado, ela consegue prestar atenção no que está sendo compartilhado.

As conclusões dessa pesquisa nos incentivam a trabalhar cada vez mais de forma interativa. O importante é saber que funciona para todas as crianças em geral. A base desse estudo foi a teoria sociointeracionista, de Vygotsky, que valoriza o papel das vivências no processo de aprendizagem. Trabalhar com histórias usando diferentes recursos sensoriais, inclusive táteis, e outros afins, para construir maquetes, cenários, ou realizar outras atividades que permitam a vivência, faz aflorar o significado das palavras e permite que se capte o sentido do conteúdo que está sendo apresentado.

Na evangelização, temos testemunhado o profundo engajamento das crianças e jovens quando participam, interessados, das atividades que estimulam a sua interação. São inúmeros os exemplos de êxito na aprendizagem dos conteúdos espíritas, conforme registramos em livros voltados para a evangelização espírita infantojuvenil.[21]

Cuidado com as metáforas

Para que nós entendamos o sentido de uma fala, de uma obra de arte, uma cena de filme ou algo semelhante, faz-se necessário apreender, primeiro, o seu significado. Sabemos que uma das situações mais recorrentes entre as pessoas no espectro autista é a dificuldade de compreender o significado de certas palavras quando não está explícito, como nas que têm duplo sentido, nas metáforas e na ironia. Elas são, quase sempre, bastante literais.

Quando uma menina pequena neurotípica ouve alguém elogiá-la, dizendo que ela é uma flor, não se pode esperar que compreenda de imediato essa fala, pois não capta o sentido. Mas não será difícil fazê-la chegar ao entendimento se lhe for explicado que é tão bonita quanto uma flor.

Com uma criança com autismo provavelmente esse nível de compreensão seja muito mais difícil de alcançar, e, talvez nem ocorra. Ela, provavelmente, irá negar, fixando-se na ideia de que não é uma flor.

---

21. Lucia Moysés, *Evangelização mudando vidas* (2019); *Como aprendemos. Teoria e prática na educação espírita* (2019).

Portanto, todo aquele que ensina deve estar ciente de que, sem o entendimento do significado, não se chega ao sentido. E para que esse seja alcançado, é preciso estar atento, ligado.

Nos encontros de evangelização, conseguir que todos os evangelizandos compartilhem a atenção deve ser preocupação constante. Além dos procedimentos que já recomendamos anteriormente, é igualmente possível conseguir esse compartilhamento, organizando a atividade de forma a contemplar significados e sentidos para cada ação que se deseje que eles realizem.

Particularmente em relação ao evangelizando com autismo, seria ótimo se o evangelizador ou alguém que o auxiliasse tivesse condição de trazê-lo para perto de si e desse maior destaque aos elementos que deveriam ser o foco da sua atenção, usando recursos variados como gravuras, fotografias, mudando a entonação da voz, ou outros já sugeridos. O importante é entregar tais materiais nas suas mãos, para que os explore. Um cuidado a mais é repetir várias vezes as mesmas situações de aprendizagem, para torná-las cada vez mais familiares e corriqueiras.

AUTISTAS QUE NÃO FALAM, MAS SE COMUNICAM

OS ESTUDOS SOBRE o autismo avançam a cada dia. Novas e surpreendentes informações vêm substituir ou ampliar as que já temos. Ouvíamos, frequentemente, de famílias que tinham algum filho com autismo considerado severo, e que jamais faziam uso da fala, frases tais como: "Ele praticamente não se comunica"; "Ninguém sabe o que ele pensa"; "Chora muitas vezes, e eu não sei por quê".

Hoje, temos dados suficientes para afirmar que há pessoas no nível 3 do TEA que romperam a barreira do silêncio e vêm nos revelar suas ideias e, em especial, seus sentimentos, por meio de formas alternativas de comunicação. William Tziavaras é um deles. Com apenas 13 anos, foi convidado a apresentar-se em um treinamento para professores da primeira infância, abordando a inclusão da pessoa com autismo numa instituição canadense. Do texto elaborado e digitado por ele, retiramos a seguinte passagem:

> Imagine que você é a criança que pretende falar, mas não consegue, e que todos ao seu redor gostam de reclamar dizendo que você é difícil. Você já viu isso acontecer? [...]

> As pessoas percebem um senso de coordenação realmente deficiente e presumem que o sistema nervoso correspondente se conecta a um sistema de compreensão de linguagem deficiente. Meu sistema nervoso está uma bagunça, mas meus pensamentos cognitivos não dependem dele para pensar.[22]

Assim como William, encontramos várias pessoas – jovens, na maioria – que trazem narrativas semelhantes entre si sobre a riqueza guardada no seu mundo interior. Falas que ora nos deixam atônitos, ora nos enlevam, mexendo com os nossos sentimentos e encantando-nos.

Nos últimos anos, diferentes mídias digitais registram sua presença. É assim que podemos vê-los se apresentando em vídeos, postando mensagens em seus *blogs*, páginas ou perfis de redes sociais. E mais: alguns desses autistas se tornaram escritores, como o paranaense Fernando Murilo Donato, quase da mesma idade de Tziavaras, que começou a se expressar há pouco mais de um ano com a ajuda da sua mãe e já publicou dois livros.

Com o objetivo de trazer esperança às famílias e mostrar para o evangelizador espírita a necessidade de ter em relação às crianças e jovens autistas, como William e Fernando, um olhar atento e sensível, jamais presumindo que eles não podem aprender, abrimos um espaço para tratar desse assunto, apresentando oito desses casos.

Apesar do diagnóstico inicial enquadrá-los como autistas com grau 3 de suporte, é difícil dizer em que nível estão depois que começaram a se comunicar. Muitos ainda são bem dependentes de outras pessoas para escrever e manifestam estereotipias motoras e verbais – situação que os incomodam, sobre os quais tecem

---

22. Postado por I-ASC , 23/06/2021, em *Advocacia, Autismo, Comunidade, Educação, Famílias, Motor, Não falantes, S2C, Ortografia para se comunicar.*

interessantes comentários. Outros, já conquistaram maior autonomia e estão tendo mais controle dos seus problemas motores.

Os dados de que dispomos sugerem que foi a partir da última década que pessoas autistas sem uso da fala, como Carly Fleischmann e Tito Mukohpadyay, começaram a ganhar visibilidade nas mídias e na literatura. Temple Grandin, por exemplo, já citava ambos no seu livro *O cérebro autista*, lançado em 2013.

Posteriormente, as redes sociais foram responsáveis para dar espaço a inúmeros outros, como Tim Chan, Naoki Higashida, Sue Robin, Ido Chedar e, mais recentemente, Fernando Murilo Bonato e William Tziavaras.

Como ocorre com a maioria das crianças com o TEA, em praticamente todos esses casos, a mãe teve um papel de destaque na conquista da comunicação alternativa. Foi com a sua ajuda que alguns começaram a "falar" apontando letras desenhadas em pranchas muito simples ou em cartelas de papelão; cabia a elas juntar as letras, formar as palavras, escrever e ler em voz alta, as frases. Outros usaram recursos mais sofisticados. Usando um único dedo, teclavam diretamente em aparatos eletrônicos como *tablet* ou algum tipo de teclado (alguns com sintetizador de voz).

Tais recursos são utilizados em diferentes métodos, como o RPM – *Rapid Prompting Method* (Método de Alerta Rápido), o FC – *Facilited Communication* (Comunicação Facilitada) e o S2C – *Spell to Communicate* (Soletrar para Comunicar.) [23] Ao lado desses métodos, encontramos o que é utilizado pelo Fernando Bonato, que começa a deixar de ser não falante, uma vez que recentemente aprendeu a utilizar, de forma precária, a própria fala, que é interpretada e registrada por sua mãe.

---

23. Desenvolvida e divulgada na Índia, Estados Unidos, Canadá, Austrália e na África do Sul, a base dos métodos é o apontar as letras em um quadro onde elas estão dispostas e, com a ajuda de um facilitador, ir soletrando até formar palavras e frases. Alguns evoluem para a palavra escrita à mão; outros, para a digitação.

Digitação em cartela de letras e em teclado especial.

Ainda a respeito dessas formas de comunicação alternativa, queremos assinalar que alguns começaram apontando letra por letra nas cartelas, mas depois evoluíram para o teclado digital. Outros já começaram a partir daí. O que há de comum entre todos eles é o fato de serem inteligentes, possuidores de uma escrita sensível, capaz de exprimir o que lhes vai na alma.

"Eu nasci incapaz de falar, e um tratamento contestado me salvou." Com essa manchete, Ido Kedar, um autista não falante, 24 anos, escreveu um artigo explicando como um método desdenhado por terapeutas foi capaz de ajudá-lo a se tornar um escritor.[24]

> O que me libertou foi o Método de Alerta Rápido, ou RPM. Através dele aprendi a mover meu braço para tocar letras para me comunicar, primeiro em um quadro de letras, depois em um teclado, depois em um *tablet* com um aplicativo de saída de voz. O processo de aprender a controlar minha mão com o propósito de me expressar foi gradual e minucioso, mas valeu a pena.[25]

---

24. O método de escrever apontando letras com ajuda de terceiros recebeu muitas críticas por parte de analistas que levantaram suspeitas de que havia interferência do auxiliar na produção da escrita. Pesquisas atuais estão comprovando que os pensamentos expressos correspondem aos dos próprios autistas. (Ver na bibliografia: Cardinal & Falvey (2014) e, também, Jaswal & Wayne (2020).

25. Este e todos os demais textos em inglês foram traduzidos livremente por nós.

Naoki Higashida é outro jovem que guarda muitos pontos em comum com Ido Kedar. Tinha apenas 13 anos quando publicou seu primeiro livro – *O que me faz pular*. Com autismo nível 3, ainda hoje não faz, praticamente, uso da linguagem falada. Entretanto, aprendeu a se comunicar com a ajuda da mãe e de uma professora. No início, soletrava palavras apontando os caracteres básicos do "hiragana" japonês, escritos em uma prancha. Depois, passou a recorrer a recursos tecnológicos que lhe permitiam digitar. É dele esse comovente texto:

> Há muito tempo venho me perguntando por que nós, que temos autismo, não conseguimos falar de forma correta. Eu nunca consigo dizer o que quero de verdade. Ao contrário, palavras que não têm nada a ver com nada escapam da minha boca. Isso costumava me deixar bem deprimido, e eu não conseguia deixar de ter inveja dos que podem falar sem o menor esforço. Nossos sentimentos são iguais aos de todo mundo, só não conseguimos encontrar uma forma de expressá-los [...], Mas, tendo começado a me comunicar por texto, agora sou capaz de me expressar através da prancha de alfabeto e de um computador, e, por poder compartilhar o que sinto, percebo que eu também existo neste mundo como um ser humano.[26]

Daí para diante não parou mais. Tornou-se um devotado defensor da causa do autismo.

Como Tziavaras e Higashida, a internet tem dado a conhecer muitas outras pessoas autistas com grande comprometimento na fala, que também vêm se tornando comunicadores prestigiados.

---

26. *O que me faz pular*, p. 37.

Ler os seus escritos mexe com a nossa emoção. Saber que são individualidades que têm muito a dizer e que, durante tanto tempo, ficaram calados por não encontrarem uma forma de se expressar nos anima a divulgar seus casos para que se invista, cada vez mais, nas diferentes formas de Comunicação Alternativa. E para os educadores espíritas é mais uma justificativa para se ver além das aparências, devotar atenção, amor e respeito a todos os evangelizandos, independentemente de suas singularidades ou dificuldades.

A título de ilustração, selecionamos e traçamos ligeiro perfil de oito desses autistas (ver Anexo 1 para informações mais completas). Quase todos têm talentos literários, fazem sucesso nas redes sociais, nas mídias televisivas, em canais digitais e até mesmo no setor cinematográfico. A listagem a seguir segue a ordem cronológica do aparecimento deles na mídia; suas idades são relativas ao ano de 2021.

Tito Rajarshi Mukhopadhyay, indiano, radicado nos Estados Unidos, 32 anos. É um poeta muito profícuo e sensível, tem vários livros publicados. Seu caso levou a BBC a produzir o documentário *Tito's story* (*A história de Tito*), em 2000.

Sue Rubin, norte-americana, 42 anos, graduou-se em ensino superior. É consultora sobre deficiência e ativista do autismo. Sua vida foi objeto de um documentário indicado ao Oscar em 2004: *Autism is a world* (*Autismo é um mundo*), cujo roteiro foi escrito por ela própria.

Carly Fleischmann, canadense, 26 anos, durante mais de dois anos teve um *talk show*, tornou-se *youtuber* e escreveu, junto com o seu pai, Arthur Fleischmann, o livro *Carly's voice* (*A voz de Carly*).

Naoki Higashida, japonês, 29 anos. O seu primeiro livro, *O que me faz pular: a voz interior de um menino autista de 13 anos*, já foi traduzido para mais de trinta idiomas.

Ido Kedar, norte-americano, 24 anos. Seu primeiro livro autobiográfico, *Ido in autismland* (*Ido na terra do autismo*) foi escrito quando ele tinha 15 anos e, mais recentemente, lançou o romance *In two worlds* (*Em dois mundos*), ambos focalizando as visões internas e externas do autismo.

Tim Chan, chino-australiano, 27 anos, é um escritor, poeta e atualmente cursa Ciência Política. Em 2014, foi palestrante no TEDx Melbourne e publicou recentemente (2019) um livro sobre sua vida – *Back to the brink* (*De volta da beira do abismo*).

William Tziavaras, canadense, 13 anos, está cursando a sétima série. Utiliza a chamada *Spell to Communication* (S2C). Embora tão jovem, tem colaborado com a International Association for Spelling as Communication (I-ASC) com entrevistas e sugestões para familiares e educadores.

Fernando Murilo Bonato, brasileiro, 14 anos, apesar de ter feito terapia desde pequeno, somente conseguiu aprender a se comunicar há um ano, quando sua mãe, a professora Karina Bonato, começou a estimulá-lo a pronunciar sílaba por sílaba das palavras, para que ela as anotasse. Assim, pronunciando sons quase inaudíveis e sem emitir corretamente os fonemas, aprendeu a externar seus pensamentos: a mãe postada diante dele, digitando cada palavra decodificada. Com esse processo, o jovem já ditou dois livros em menos de um ano: *Você pode ser o que quiser* e *tudo pode se transformar quando se tem coragem*. Nós o incluímos entre os não falantes porque sua comunicação se restringe no momento à sua mãe. Ao contrário dos demais, ainda não consegue usar nenhum recurso próprio de escrita para transmitir suas ideias.

O que há em todos esses comunicadores com autismo é a consciência do valor libertador da palavra. Cada um, a seu modo e em diferentes veículos, retrata isso. Vejamos, por exemplo, o que Fernando Murilo disse em seu perfil no Instagram (sempre atualizado e sem correções, porque a própria mãe não o faz):

> Todo projeto de vida começa com primeiramente a vontade de se transformar. FERNANDO verdadeiramente quer se transformar. Mas deve falar: falta o pertencimento a fala. Eu vou pertencer a fala e a escrita. Preciso poder melhorar. Tento me alimentar de força, vendo o precioso poder sem limites da palavra. A palavra é muito poderosa. Devo todo meu progresso a palavra.
>
> Estava perdendo autoestima, ficando olhando uma parede em minha frente. Perdendo controle de minha vida. A fala espetacular sempre me segurou. Hoje me faz quebrar todas paredes. FERNANDO não se define. FERNANDO é o filho de DEUS Como todos seus outros filhos. Tentando levar uma vida de esperança para vidas perdidas.[27]

Também Tim Chan, no seu livro *Back to the brink* (*De volta da beira do abismo*), aborda o que foi para ele aprender a se comunicar pela palavra:

---

27. @murilo_ciclistea. Texto ditado e postado no Instagram em 08/04/2021. O ciclistea deve-se ao fato de ele ser um excelente ciclista.

Nunca esquecerei a primeira vez que fui ensinado a digitar aos nove anos de idade, em nossa primeira visita ao DEAL Communication Center. Pela primeira vez consegui usar minhas próprias palavras. Aquele ato comunicativo simples, algo que a maioria das pessoas dá por certo, foi, para mim, importante e mudou minha vida (p. 269).

Do ponto de vista espiritual, todos eles confirmam a resposta dada pelos Benfeitores Espirituais a Allan Kardec, quando indagou se pessoas com graves comprometimentos intelectuais teriam uma natureza inferior. "Não. Eles têm uma alma humana frequentemente mais inteligente do que pensais, e que sofre com a insuficiência dos meios de que dispõe para se comunicar, como o mudo sofre por não poder falar."[28]

A questão é exatamente essa: todos esses que selecionamos são pessoas inteligentes, que não conseguiam traduzir em palavras o que pensavam, por limitações físicas. Por isso, "Não falar não é o mesmo que não pensar" se tornou quase um lema, para Ido Kedar, conforme se observa em vários de seus textos e entrevistas.

O que eles têm a nos ensinar é extremamente valioso e abre uma nova perspectiva na compreensão do autismo considerado mais severo, típico do nível 3 de suporte.

Reconhecendo que todos esses se tornaram comunicadores movidos pelo desejo de ajudar a lançar luz sobre o autismo, lembramo-nos de que o espiritismo nos ensina que, se Deus nos permitiu que nascêssemos em um meio onde pudéssemos desenvolver a inteligência, foi para que a utilizássemos visando ao bem de todos. "É uma missão que vos dá, pondo-vos nas mãos o instrumento com que podeis desenvolver, em torno de vós, as inteligências retardatárias e conduzi-las a Ele."

---

28. *O Livro dos Espíritos*, questão 371.

Da prática da evangelização espírita, trazemos, ainda, o depoimento de Mirella Campos, uma evangelizadora que atua, profissionalmente, como professora de Educação Especial nos Estados Unidos, em escola onde a maioria é constituída por estudantes com autismo.[29]

Acho interessante essa questão da linguagem expressiva, pois a dificuldade da comunicação verbal tanto pode ser em função de um comprometimento motor da fala, uma baixa cognição, quanto pode ser simplesmente um bloqueio psicológico-emocional. Atualmente, trabalho com um estudante de High School que só começou a falar na escola na 6ª série e um outro que tem mutismo seletivo, fala em raras exceções. Esse último, recentemente, em eleição para eleger novos estudantes representantes, leu um discurso na frente de toda a escola e impressionou a todos pela sua capacidade intelectual, acadêmica e, acima de tudo, pelo seu exemplo de superação pessoal. De olhos e voz baixos, com dicção não tão clara, ainda assim ele se expressou verbalmente, leu todo o conteúdo e passou uma mensagem muito coerente. Foi emocionante ver a superação do espírito.

Subestimamos, às vezes, o tanto de bagagem espiritual que traz o espírito. Cada vez mais reflito o quanto é possível perceber que espírito traz em si inteligência e habilidades a serem desenvolvidas, mesmo que, momentaneamente, elas estejam adormecidas com a limitação temporária do corpo físico. É muito importante favorecer as crianças e adolescentes oportunidades de socialização em sala para que, através dos estímulos, elas sintam o acolhimento e, assim, deixem mais facilmente vir à tona toda potência que trazem no espírito.

---

29. Depoimento pessoal oferecido à autora em visita ao Nosso Lar Spiritist Society, no Norte da Califórnia, onde ela atua.

"A questão é motora e não intelectual"

São extraordinárias as novas luzes que essas pessoas estão lançando sobre as dificuldades enfrentadas por aquelas que se encontram no espectro autista em diferentes campos, em especial no da comunicação.

Ido Kedar nos explica onde reside a principal causa das suas dificuldades comunicacionais e motoras.

> Se eu não tivesse aprendido a controlar minha mão o suficiente para digitar com o dedo indicador em um teclado, *iPad* ou quadro de letras, minhas ideias, piadas e pensamentos só seriam conhecidos por mim. Este é o caso de milhares de pessoas com autismo que não conseguem se comunicar. Sua aparência externa é comprometida por estranhos movimentos compulsivos, como acenar com as mãos, agitar coisas, carregar objetos aleatórios, ritmo, ações impulsivas e vocalizações estranhas e, além disso, eles podem ter dificuldade em seguir instruções para tarefas ou perguntas simples, o que dá a impressão de que são retardados intelectualmente. O desafio para os profissionais é imaginar que, apesar de uma pessoa ter essas dificuldades externas altamente visíveis, para muitos, esses comportamentos não têm nada a ver com inteligência, mas se devem a uma desconexão entre os sistemas cerebrais responsáveis pelo pensamento e o movimento.[30]

Aprendemos com esses autistas – embora essa não seja uma regra – que o corpo pode estar em uma imensa desconexão com o pensamento. A mente deseja realizar um determinado movimento, e o corpo realiza outro, completamente diferente. Lendo seus

---

30. *Ido* in *Autismland. Climbing out of Autism's Silent Prison*, p. 40.

livros, ficamos sabendo que detestam essas ocorrências, especialmente aquelas que os levam para uma situação fora de controle, como gritar, debater-se, correr, jogar-se no chão, fazer *flappings*, ter comportamentos estereotipados, tiques.

Seus relatos são comoventes. Revelam para o leitor ou ouvinte um mundo completamente desconhecido para quem está acostumado a ver o autismo sob uma ótica muito estreita.

Há, no perfil do Fernando Murilo Bonato, no Instagram, um pequeno vídeo em que aparece esforçando-se para fazer corretamente um exercício físico, seguido de um depoimento escrito, no qual se lê:

> Sempre dominando meu corpo falhado. Estou aprendendo a pensar e comandar meu corpo. Posso dominar movimentos. Isso é sempre trabalho. Desistir jamais!!! Podemos controlar. Podemos dominar movimentos. Para mim o simples é difícil. Mas difícil é desistir. Pensem nisso...[31]

É, ainda, esse mesmo jovem quem declara com a veemência que lhe é própria:

> Quero falar: mesmo sem palavras eu penso, é como viver preso dentro de meu cérebro. Vendo, ouvindo, percebendo e tentando apenas de verdade não ficar doido, sem poder falar. Eu FERNANDO devo poder falar melhor um dia. Mas hoje tanto tempo de fono me permitem minimamente falar meu "japonês" com minha mãe.[32]

Nada impede que recebamos, nas nossas turmas de evangelização,

---

31. Publicado em 22/06/2021 no perfil do Instagram #murilo_ciclistea
32. Idem, publicado em 11/06/21 (essa referência de japonês é porque atualmente ele fala, sem som, sílaba por sílaba e a mãe decodifica).

crianças e jovens como qualquer um desses que acabamos de apresentar. Como temos que aprender com eles! Cada um, com sua história, toca diretamente nossos nos corações a nos dizer: "Não desista de mim! Sou um tesouro escondido e suas mãos podem ajudar a encontrá-lo. Confie em mim! Ajude-me com o seu empenho e seu amor." É o que a Sue Rubin gostaria de ter dito a sua mãe.

> Minha mãe foi decididamente lenta em reconhecer essa inteligência necessária. Só anos depois ela percebeu o que havia perdido. Talvez se ela soubesse que eu era inteligente e me ensinasse a ler quando eu era uma criança, minha capacidade de pensar teria se desenvolvido desde aquela época, em vez de esperar até os treze anos. Penso que minha capacidade de pensar foi muito melhorada por minha mãe e colegas de escola que realmente continuaram me tratando como uma pessoa inteligente e me desafiando durante toda a minha carreira educacional e além.[33]

O ambiente da evangelização pode, de fato, fazer muita diferença na vida das pessoas com autismo, como Sue e todos os demais aqui focalizados.

Acreditemos! Reunamos esforços para oferecer o que há de melhor na evangelização de todos. Indistintamente.

---

33. Postagem publicada na sua página do *Facebook* em 20/11/2020.

E A EMPATIA?

"PESSOAS COM AUTISMO não têm empatia!" Quantas vezes ouvimos isso... No entanto, a realidade pode ser bem diferente, como no caso de Tim Chan[34].

Diagnosticado com autismo de nível 3 aos três anos, não faz uso da linguagem oral. Está, agora, com 25 anos. Sua forma de ver o mundo é por imagens. Somente aos quatro anos foi que descobriu que as pessoas se entendiam por intermédio da fala.

Aos nove anos, com muita dificuldade, foi treinado a comunicar-se – assim como Naoki Higashida –, usando as pranchas com letras. Na verdade, uma versão bem rudimentar: uma simples folha de papel plastificada contendo as letras do alfabeto e números. Com o dedo indicador batendo sobre cada letra, ia compondo palavras que eram decodificadas por sua mãe, que o auxiliava. Tudo isso era feito com muito esforço, devido a suas dificuldades motoras.

---

34. Há dois vídeos, ambos em inglês, que mostram Tim Chan no início da aprendizagem da comunicação por meio da folha com letras e posteriormente, já um jovem adulto, em uma participação em um TED.

"A partir daí – afirma ele em um de seus vídeos – abri-me para a possibilidade de me conectar com as pessoas e com a vida que gostaria de viver." Construiu, então, uma ampla rede social na qual procurou apoio.

Hoje, ele se define como um ativista em favor do autismo, demonstrando profunda empatia, não somente por essa causa, como também por outras, como se pode observar em uma declaração postada no seu *site*.[35]

> Estou trabalhando com organizações que defendem o autismo, incluindo I Can Network, Children and Young Adults with Disability e Reframing Autism.
>
> Também fiz parte do Grupo de Trabalho Covid-19 em Serviços de Defesa de Deficientes para Jovens, que examinou o impacto da pandemia para jovens com deficiência e um plano de recuperação liderado por jovens.
>
> Estou entusiasmado por fazer parte do movimento de autodefesa que leva os direitos das pessoas com deficiência a um novo nível de relevância.

É muito importante que todos saibam que alguém, mesmo tendo o autismo com elevado nível de suporte, pode ter uma participação ativa na sociedade, importando-se com a dor do outro. É esse sentimento que o leva a se empenhar em ações colaborativas, multiplicando os poucos recursos de que dispõe, para fazer o seu pensamento chegar a milhares de pessoas.

Também o jovem Tziavaras demonstra ter essa preocupação quando colabora com a associação da qual faz parte (I – ASC), prontificando-se a dar ensinamentos para professores que estão se preparando para atuar junto a estudantes com autismo.

Isso é ter empatia emocional e preocupação empática!

---

35. Vídeo de abertura da sua página na internet: *O Defensor do Autismo*.

Pensando na evangelização, temos aí um belo exemplo a ser seguido por nossas crianças maiores e pelos jovens.

É provável que o que leva muitas pessoas a julgarem que o autista não tem empatia seja o fato de ignorarem suas distintas formas de manifestação – tema que vem atraindo a atenção de muitos estudiosos do tema, como Daniel Goleman, Paul Ekman, John Bowlby, Alonso e Esquisábel, entre outros. Segundo vários desses autores, tudo depende da forma como elas percebem os sentimentos das pessoas. A empatia pode ser cognitiva, emocional ou compassiva.[36]

- *Empatia cognitiva:* é a capacidade que nos ajuda a entender a forma de pensar de uma pessoa; é compreender a sua perspectiva.

- *Empatia emocional:* a capacidade de colocar-se no lugar da outra pessoa e imaginar o que ela pode estar sentindo; é reconhecer suas emoções por meio das expressões do seu rosto, dos seus gestos, das flutuações em seu tom de voz. É sentir o que a outra pessoa sente. Pessoas com autismo podem, sim, experimentar esse tipo de empatia.

- *Empatia compassiva* (também conhecida como preocupação empática) vai além de simplesmente compreender o outro e compartilhar seus sentimentos. Ela realmente leva a pessoa a agir, procurando ajudar o outro de alguma forma. O caso do Tim Chan e seu engajamento nas causas sociais se enquadram nesse tipo.

Para ilustrar como esses três níveis da empatia funcionam, imaginemos o seguinte quadro:

---

36. Daniel Goleman, reconhecido por sua contribuição sobre inteligência emocional, escreveu um artigo abordando essa questão.

Certo centro espírita, situado numa região afastada de uma cidade, funciona em uma casa muito modesta, com poucos recursos materiais, mas com uma equipe de evangelizadores dedicada e amorosa. Perto dali, há outro centro que atende a famílias de baixa renda. Em virtude de um forte temporal, teve sua sede parcialmente destruída, o que inviabilizou, completamente, a continuidade da evangelização e do almoço que era servido às crianças e aos jovens após os encontros semanais.

Buscando ajuda, a coordenadora da evangelização do centro atingido dirigiu-se à dirigente da Área de Infância e Juventude daquela outra instituição. Expondo suas dificuldades, pediu-lhe que abrigasse, pelo tempo que fosse necessário, seus evangelizandos, para que não houvesse interrupção dos encontros, nem da alimentação semanal.

Comovida com a situação, ela não somente aquiesceu, como se apressou em explicar, para todos os envolvidos, as modificações e possíveis restrições que teriam que passar para atender às necessidades do outro grupo.

Quase todos entenderam e concordaram em ajudar. Na semana seguinte, a vinda dos evangelizandos do outro grupo alterou, em parte, a rotina. A maioria procurou adaptar-se às dificuldades e mudanças, dividindo o material e o almoço, apertando-se no espaço para que os outros pudessem participar.

Em uma das turmas havia um jovenzinho autista nível 2, com acentuado déficit de linguagem. Ao contrário dos demais, reagiu muito mal à nova situação. Ficou agitado, recusando-se a fazer qualquer tipo de mudança na sua rotina. Com muita paciência, sua evangelizadora explicou tudo o que aconteceu, falou dos sentimentos dos que tiveram o centro espírita danificado, na esperança de que ele compreendesse. Mas não teve jeito. Foi o único que não compartilhou nada que era seu.

Em outra turma, havia um outro autista nível 1, com certa habilidade de comunicação que, ao tomar conhecimento dos motivos das mudanças, também ficou alterado. No dia, porém, em que os colegas chegaram, desconfiados, tímidos e em trajes bem modestos, ele sentiu muita pena, olhou-os com tristeza, mas não teve nenhum movimento no sentido de oferecer ajuda.

Analisando todo o quadro, podemos dizer que a dirigente teve *empatia cognitiva*, pois conseguiu entender o ponto de vista da coordenadora. Posteriormente, ela e praticamente todas as crianças tiveram *empatia emocional*, na medida em que se colocaram no lugar dos evangelizandos do outro centro e se apiedaram deles, sentindo o que eles estavam sentindo. Ao fazer sacrifícios, dividindo o que tinham com os demais, os evangelizandos manifestaram a *empatia compassiva* (participação empática).

O jovenzinho não verbal, com maior severidade no TEA, não conseguiu sentir nenhum tipo de empatia. No entanto, o outro, em grau mais leve, teve a *empatia emocional*, mas não evoluiu para a compassiva.

Então, quando se fala que o autista não tem empatia, seria interessante que se definisse de qual tipo de empatia está se tratando. De fato, pessoas autistas costumam ter dificuldade para entender os motivos que levam alguém a ter determinados comportamentos e atitudes; e também não são bons em compreender a linguagem dos gestos e dos movimentos corporais dos demais. Como, usualmente, têm um repertório de respostas limitado na vida social, podem parecer ingênuos ou indiferentes, mas, na verdade, não sabem expressar facilmente suas próprias emoções por meio de palavras. Todavia, com ajuda e aprendizagem, podem, sim, ser empáticos.

Obtivemos permissão de Alice, uma jovem universitária de 22 anos, que somente aos 20 foi diagnosticada com autismo, considerado leve, para reproduzir um dos depoimentos que postou no seu perfil do Instagram. Depois de ter passado a adolescência sendo vista como uma menina esquisita por seus colegas, agora usa com muito sucesso as redes sociais e conta com milhares de seguidores. Dentre os seus muitos vídeos, há um no qual ela dá detalhes da solidão que sentiu durante todo o seu tempo de adolescente, no ambiente escolar, exatamente por lhe faltar um repertório social que lhe permitisse interagir com seus colegas.[37]

> Para mim, assim como para muitos autistas, é muito difícil perceber os sentimentos das outras pessoas sem que elas me contem. [...] Eu costumo perceber que uma pessoa está triste só se ela estiver com o rosto inchado e os olhos marejados, por exemplo. E, mesmo assim, posso não entender o motivo do choro. Tudo deve ser bem explicado para o autista e da forma mais concreta possível. Apesar dessa dificuldade, eu não deixo de ficar feliz pelas conquistas dos meus amigos, de ficar triste ou apreensiva quando alguém está passando por uma situação difícil ou de me sentir ansiosa e com medo quando vejo outra pessoa em perigo! A partir do momento em que consigo entender o que se passa na cabeça da outra pessoa, posso me conectar melhor com ela.

Nesse relato, percebem-se a falha na empatia cognitiva e a presença da empatia emocional. Como as pessoas com autismo apresentam, correntemente, déficit de compreensão das situações sociais e parecem manifestar menor reação às emoções dos outros, isso pode ser interpretado como falta de preocupação empática.

Importa ressaltar que essa não é a realidade de um número considerável de pessoas com o TEA. Nas páginas das redes sociais

---

37. *Facebook, A menina neurodiversa*. Vídeo intitulado autismo e dificuldade de socialização. A citação foi autorizada por ela em 19/12/2020.

há um contingente deles, em geral jovens, que publicam textos, fotos e vídeos, emitem opiniões e contam com uma quantidade expressiva de seguidores. Em suas postagens é comum haver relatos revelando sentimentos empáticos, adesão a campanhas, ou a defesa de alguém que eles julgam estar sendo criticado por seus posicionamentos nas redes sociais.

Essas pessoas geralmente se autodefinem como autistas neurodiversos, isto é, adeptos da neurodiversidade. O termo nasceu de um movimento que vem merecendo a atenção de muitos estudiosos, como Francisco Ortega. Ele o define como uma bandeira organizada por autistas, chamados de alto funcionamento, que não admitem a visão do autismo como doença a ser tratada e, se possível, curada. Para eles, trata-se, antes, de uma diferença humana que deve ser respeitada como outras diferenças (sexuais, raciais, entre outras)."[38] Embora relevante, essa questão escapa aos objetivos que temos em mente nesta obra: contribuir para que o evangelizador espírita possa adquirir conhecimentos sobre o autismo, a fim de habilitá-lo a receber, acolher e promover a evangelização da criança e do jovem com o TEA, de maneira mais inclusiva possível.

Ainda sobre a exteriorização da empatia, queremos compartilhar um relato acontecido conosco quando cumpríamos, no exterior, uma série de atividades de formação para evangelizadores espíritas. Éramos hóspedes de uma família que tinha um menino de 9 anos, o Rafael, com diagnóstico de autismo nível 1. Dentre as atividades programadas, havia uma na qual eram utilizadas peças de Lego. A mãe do garoto – uma evangelizadora que me acompanhava em todos os eventos –, lembrando-se de que o filho tinha uma variada coleção desse brinquedo, pediu-lhe que me emprestasse algumas peças para o meu trabalho. Ele selecionou

---

38. Artigo "Deficiência, autismo e neurodiversidade", *Ciência e Saúde Coletiva*, fev. de 2009.

um bom número delas e me entregou. Terminado o trabalho, eu as devolvi. Na hora de voltar, enquanto eu arrumava as malas, fui surpreendida com a seguinte cena: Rafael veio me entregar uma grande caixa repleta de peças de Lego, acompanhada de um cartão, escrito por ele, no qual me oferecia, com um abraço, tudo aquilo de presente. Ficou muito feliz com a minha alegria. Posteriormente, a mãe me contou que ele concordou em me dar quando entendeu que eu precisaria daquele material para continuar meu trabalho por outras cidades que ainda constavam do meu roteiro. Neste exemplo fica clara a presença da empatia emocional e da preocupação empática.

E nós? Também temos empatia pelos autistas?

CONCENTRAÇÃO:
O ETERNO DESAFIO

DURANTE A PANDEMIA de 2020/2022, que levou os professores a darem aulas pela internet, verificou-se uma situação recorrente entre os estudantes, principalmente entre os de níveis mais elementares de ensino: uma grande dificuldade em manter a atenção, de inibir influências externas e de lembrar-se do que estava sendo dito ou proposto como atividade a ser cumprida.

Na evangelização não foi muito diferente. Os evangelizadores da infância e da juventude tiveram que se reinventar para conseguir a participação dos seus evangelizandos. A falta de concentração durante as atividades apresentadas *online* foi, na maioria dos casos, marcante, segundo relatos ouvidos de educadores espíritas desses dois segmentos.

Um cientista da área da cognição diria que eles estariam com comprometimento nas suas *funções executivas*. Essa denominação é dada a "uma família de processos cognitivos de controle necessários em atividades que exigem raciocínio, concentração e controle de impulsos. Esses processos de controle [...] são essenciais para o comportamento voltado ao cumprimento de objetivos."[39] Estudar, acompanhar e executar as atividades propostas nos encontros de evangelização (*online* ou presenciais), fazer um exercício escolar, realizar uma série de atividades da vida diária são alguns exemplos de situações que necessitam das funções executivas do cérebro.

Dada a importância de conhecer um pouco mais sobre esse assunto, para melhor atuar na evangelização, trazemos sinteticamente algumas informações sobre o tema.

Os neurocientistas destacam três funções executivas centrais: a inibição, a memória operacional e a flexibilidade cognitiva.

Inibição: manter o foco

Nós costumamos associar a palavra inibição à pessoa tímida. No entanto, nesse contexto que estamos tratando, inibição refere-se à capacidade de a pessoa resistir a tentações e a comportamentos impulsivos que surgem quando está tentando realizar uma tarefa. Poderíamos dizer que é a capacidade de frear impulsos. Mas não é somente isso. Inibição também significa o controle das interferências de quaisquer pensamentos que se desviam do foco, não os deixando aflorar. Exige atenção seletiva e bem concentrada, uma função mental difícil de obter das pessoas neurotípicas e que se constituem em forte desafio para as que têm o TEA ou o TDAH (transtorno do déficit de atenção e hiperatividade).

O depoimento de Ido Kedar ilustra bem essa problemática: "É difícil me concentrar porque meu cérebro está cheio de distrações.

---

39. Mariana C.M da Rocha. *Funções executivas: O que são e qual seu papel na neurociência cognitiva?*, 2018

Se eu tento fazer um jogo ou quebra-cabeça, é difícil concluí-lo porque isso interfere no meu mundo interno de estímulos. Sinto-me atraído por locais visualmente harmoniosos, como água ao sol ou luzes piscando. Estes iluminam meus sentidos."[40]

Na evangelização, principalmente entre as crianças menores, é visível a dificuldade que têm em manter, por certo tempo, a atenção focalizada em uma determinada atividade. Estímulos externos e internos interferem nos seus pensamentos, sem que elas os controlem. É comum, por exemplo, quando se usa massinha com um determinado objetivo, haver um ou mais evangelizandos modelando coisas que não têm nenhuma relação com o que fora combinado. Outras vezes, do nada, em meio a uma narrativa sobre um certo assunto, alguém fala alguma coisa completamente fora do contexto, revelando ideias que surgiram na sua mente e que ele exterioriza, sem filtro. São ocorrências que demonstram dificuldade na inibição, uma importante função executiva.

Em encontros de evangelização nos quais haja pessoas com autismo, é possível que, em determinados momentos, o evangelizador esteja enfocando um dado conteúdo, e elas façam uma pergunta relativa a um assunto que fora trabalhado bem antes, sinalizando que, durante todo o tempo entre um momento e outro, sua mente estava ocupada com aquela dúvida. Situações como essa evidenciam uma dificuldade na inibição mental, que pode ter consequência na aquisição da aprendizagem. O processamento do conteúdo anterior, ocupando a mente, não dá espaço para a apreensão do que está sendo dito naquele momento.

---

40. Entrevista dada a Meg Proctor no site *Learn Play Thrive*, episódio 9.

Memória Operacional: manter o fio da meada

A memória operacional ou de curto prazo é um mecanismo que nosso cérebro utiliza quando estamos executando uma tarefa. É ela quem permite que mantenhamos ativas as informações relevantes para executá-las. Funciona enquanto precisamos dela, mas tende a desaparecer quando já não é mais necessária.

Exemplo: um evangelizador planejou, como atividade do dia, uma pequena dramatização de uma história com seis personagens, com a participação do mesmo número de jovens. Na hora, ele sabia perfeitamente a sequência das falas e quem seria o responsável por cada uma delas. Oito meses depois, quis repetir a mesma tarefa, mas não se lembrava da sequência das falas, nem de quem as disse. A memória operacional funcionou muito bem enquanto dela foi preciso. Quando foi desnecessária, desapareceu. É assim que ela opera.

Para numerosas pessoas com autismo, esse processamento apresenta falhas. Naoki Higashida, ao ser indagado sobre os motivos que o levam a repetir, muitas vezes, a mesma pergunta, respondeu: "É que esqueço muito rápido o que acabo de ouvir. Dentro da minha cabeça não existe grande diferença entre o que me disseram agora mesmo e o que ouvi há muito tempo atrás."[41]

Assim sendo, não deve causar espanto ao educador espírita se um evangelizando com autismo agir como se ignorasse informações que lhe foram transmitidas minutos antes, ou se, em meio a uma atividade que estava executando corretamente, de repente se mostrar desnorteado, sem saber o que fazer. Diante de quadros assim, será sempre oportuno que o evangelizador haja com paciência e boa vontade, auxiliando sempre que preciso for, recorrendo ao quadro de rotina, mostrando o passo a passo para que ele volte a se localizar.

---

41. *O que me faz pular*, p. 26.

Flexibilidade cognitiva: fazer de outro jeito

Quantas vezes estamos tentando resolver alguma coisa do jeito como estávamos acostumados a fazer; mas, diante de algum elemento inesperado, deixamos aquele método de lado e buscamos outra solução? Ou então, frente a uma circunstância inusitada para a qual, a princípio, não sabemos como proceder, recorremos a antigas aprendizagens para enfrentá-la? Se assim agimos, é porque temos flexibilidade cognitiva; não somos rígidos no nosso modo de pensar.

No nosso dia a dia, estamos sempre improvisando soluções para pequenos problemas domésticos, a partir daquilo que temos à mão. Se uma torneira, de repente, não consegue mais se manter fechada, deixando vazar água, improvisamos um elástico, um barbante ou uma tira de pano e a amarramos, até que possa ser consertada. Se um quadro, para ser pendurado, precisa de um gancho em formato de L e não o temos, pegamos um prego e o entortamos com um alicate. São problemas corriqueiros, cujas soluções buscamos nos nossos cérebros. A essa capacidade de mudar de perspectiva e adotar novas maneiras de pensar, a fim de encontrar uma solução para um problema, dá-se o nome de flexibilidade cognitiva.

Para inúmeras pessoas que têm rigidez mental, raciocinar de forma alternativa é quase impraticável, tal como acontece com inúmeros autistas. Eles podem se manter inflexíveis quando, por exemplo, uma rota costumeira é interrompida, obrigando-os a passar por outra via; o lugar onde eles estão acostumados a sentar está ocupado por alguém; algum produto de sua preferência mudou de embalagem e em tantas outras situações semelhantes a essas. Para uma pessoa neurotípica, ocorrências envolvendo mudanças costumam ser facilmente contornadas. Entre os autistas, porém, são impactantes e podem constituir-se em gatilho originador de uma crise.

Trazemos, a seguir, um caso bastante ilustrativo de rigidez mental.

Lara é uma jovenzinha de 14 anos. Tem autismo nível 2 e se trata em uma clínica há quatro anos. Entre outros traços, apresenta uma grande sensibilidade sensorial, inclusive no couro cabeludo.

Dia de tratamento. A mãe, que vende bijuterias para ajudar no orçamento doméstico, começa a preparar a bolsa com que sairá, contendo os diversos itens que carrega habitualmente, sob o olhar ansioso da menina. Já estava com tudo quase pronto quando se lembra de buscar, nos seus guardados, um bonito colar que prometera vender para a diretora da clínica. Lara a vê retirá-lo do armário e colocá-lo naquela bolsa. Seguem para o local.

No ônibus, a mãe tenta amarrar os seus cabelos, o que provoca intensa reação: bate os braços, grita, balança fortemente a cabeça, impedindo que fosse tocada. Resultado: fica completamente alterada e é nesse estado, gritando e correndo, que chega à clínica.

Antes de começar a terapia, a mãe segue, em companhia da mocinha, até o gabinete da diretora. Ali, retira da bolsa o colar que trouxera e lhe entrega. Ela o prende ao pescoço com toda a naturalidade. Lara, que ainda não havia se acalmado, corre e tenta arrancar a peça, gritando e batendo na diretora. Em total desajuste emocional, não consegue entender que, apesar de o colar ter vindo do armário da mãe, era destinado à venda. Ela ainda não compreende o conceito de objeto para venda. Dada a sua inflexibilidade, aquele colar é da mãe, e pronto! Daquele momento em diante, a crise se instala. A jovem somente se acalma quando a diretora tira rapidamente o enfeite do pescoço e entrega-o à mãe, para que o pusesse, de novo, na bolsa. Mesmo assim, foi necessário deixá-la quieta, em um ambiente silencioso, por alguns minutos para que, finalmente, voltasse ao normal.

Nesse caso, fica patente o quanto a inflexibilidade mental pode interferir negativamente nas interações sociais. Ele nos alerta para a atenção constante que o evangelizador precisa ter para não criar alterações desnecessárias, tanto no ambiente quanto na rotina do evangelizando autista sob seus cuidados, mantendo a constância no seu entorno, de modo a favorecer a previsibilidade e a tranquilidade. Uma estratégia que ajuda muito, não somente as crianças com autismo, mas também as neurotípicas, é dar duas opções quando se pergunta algo. Por exemplo: se a criança quer utilizar uma canetinha amarela, mas não há nenhuma disponível, pode perguntar: "Fulano tem canetinha azul e vermelha; qual você prefere?" Se a criança quer ir brincar lá fora, mas está chovendo, podemos falar: "Fulano, está chovendo, não podemos ir lá fora. Você quer colorir ou acompanhar o grupo na contação de histórias? O que prefere?"

Resumindo, os pontos principais relacionados à concentração, podemos dizer que, para a ocorrência satisfatória do processo de aprendizagem, a mente precisa estar pronta para controlar estímulos que possam tirar a atenção, permanecendo focada no conteúdo que está sendo trabalhado e aberta a possíveis mudanças em ideias e padrões já existentes, enquanto a memória operacional mantém-se em perfeito funcionamento.

Como vimos, pessoas autistas nem sempre têm essas três funções executivas. Os evangelizadores, conhecendo-as, podem acionar meios de ajudá-los a participar tranquilamente dos encontros, tirando deles o melhor proveito, sem elevar o seu nível de desconforto ou de estresse.

COMO
APRENDEMOS?

NÓS COMPREENDEMOS PERFEITAMENTE as dificuldades encontradas por muitos evangelizadores espíritas para adquirir conhecimentos pedagógicos que possam favorecer sua ação junto ao público infantojuvenil. São corações generosos que se desdobram para dar o melhor de si. Muitos deles carecem de informações teóricas sobre os processos mentais envolvidos na aprendizagem de novos conceitos.

Essa dificuldade que ocorre com inúmeros evangelizadores é, provavelmente, mais acentuada com aqueles que têm em suas turmas evangelizandos com o transtorno autista.

Os enfoques teóricos sobre o processo de aprendizagem comportam uma série de variações. Em relação ao TEA, vários deles vêm dando sustentação a práticas terapêuticas. Dada à complexidade do transtorno e ao fato de ser recente a sua emergência, terapeutas que tratam diretamente de pessoas nesse espectro se dividem quanto à adoção de uma determinada orientação teórico-metodológica, o que resulta na coexistência de diferentes linhas de pensamento.

Evangelizadores espíritas não são terapeutas. A evangelização realizada nos centros espíritas tem uma proposta própria, muito diferente das que são comumente desenvolvidas por profissionais das equipes multidisciplinares que lidam com autistas. Dessa forma, vamos nos ater a comentar alguns aspectos teóricos que vêm embasando, com êxito, a ação pedagógica de grandes parcelas de evangelizadores espíritas.

Analisando documentos e práticas de evangelizadores adotados no Brasil, notamos que a grande maioria usa – ainda que de forma intuitiva – uma metodologia cujas bases são compatíveis com a teoria sociointeracionista elaborada por Lev Vygotsky. Dentre os pilares teóricos dessa corrente, destacamos três, que são perfeitamente adequados às condições que a maioria dos evangelizadores encontra para exercer sua tarefa. São eles: levar aquele que aprende a vivenciar o conceito, a fim de entender seu significado, alcançando o seu sentido; fazê-lo pensar, para compreender o que está sendo proposto; e favorecer a sua interação com os colegas.

Elaboramos um exemplo para ilustrar o que estamos afirmando.

> *Manhã de sábado em um centro espírita. As evangelizadoras Amanda e Letícia estão à frente de uma turma muito participativa do 2º ciclo da infância. Sempre preocupadas em aproximar seus evangelizandos de Jesus, planejam, com frequência, encontros em torno da sua figura. Dando sequência a uma série de representações tridimensionais sobre alguns de seus feitos extraordinários, o tema do dia é a "Pesca Milagrosa". Depois de haverem passado duas vezes um trecho de um vídeo sobre a vida de Jesus que mostra essa cena, propuseram à turma que a recriassem sob a forma de maquete, enfatizando que desejariam ver todos participando.*
>
> *Todo o material de que iriam necessitar já estava disponível, em uma mesa: cartolina e papel crepom de várias cores,*

canetinhas, jornal para fazer o barco, redinha recortada que antes envolvia um melão, quatro bonequinhos para representar Jesus e três pescadores (futuros apóstolos), um retângulo grande, de papelão, pincel, tinta azul e cola. Depois das explicações necessárias e da divisão das tarefas em função do nível de dificuldade exigido, das habilidades e dos interesses individuais, todos participam: uns em pé, em torno da mesa; outros sentados no chão. A interação é intensa.

Conforme se observa, a atividade preencheu os três critérios preconizados pela teoria sociointeracionista para uma boa aprendizagem: partiu de uma vivência em grupo, estimulou o pensamento e propiciou intensa participação.

Em uma breve análise, discriminamos como deve ter sido a elaboração mental das crianças para chegarem à compreensão e posterior vivência.

1. Depois de visto o filme, seguiu-se a pergunta: como fazer?
2. A visão do material ofereceu as pistas de como aproveitá-lo: os bonequinhos seriam os personagens; o papel crepom, as roupas dos bonequinhos; a cartolina, os peixinhos; a redinha, a rede da pesca. Assim, todos aqueles elementos dispostos sobre a mesa foram interpretados como possibilidades.
3. A mente associou o visto anteriormente no filme com o material concreto, o que estimulou a imaginação.
4. Como o nível de dificuldade estava de acordo com a capacidade do grupo, o desafio proposto foi aceito imediatamente.
5. A compreensão de que estavam montando uma cena conhecida permitiu que a atenção e foco imperassem durante o processo, ainda que acompanhados de falas e risos.
6. A atividade permitiu liberdade de movimentos e despertou o desejo de ver o produto final concluído.

Enfatizamos que, além de fazer pensar, o trabalho ofereceu uma valiosa oportunidade de trocas interpessoais, pois muitas das ações motoras exigiram a colaboração do colega, e o próprio produto final emergiu de um trabalho coletivo.

Não temos dúvida em afirmar que, quando bem aplicados, esses três princípios levam naturalmente à aprendizagem. Rica. Plena de sentido porque se entendeu o significado do que se estava fazendo. E inesquecível!

E a criança com autismo nesse contexto?

A capacidade apresentada pela criança com o TEA de participar de atividades irá depender do nível de suporte e comprometimentos que ela tem. Contudo, todas têm condições de se beneficiar daquilo que é apresentado, especialmente se considerarmos os ganhos do espírito. Com muita propriedade, o documento *Orientação à Ação Evangelizadora Espírita da Infância: subsídios e diretriz*, elaborado pela Área da Infância, Juventude e Família da Federação Espírita Brasileira sublinha:

> É importante considerar que toda a ação evangelizadora encontra ressonância no coração infantojuvenil, mesmo que o retorno não seja expressamente manifesto de modo verbal. A capacidade de apreensão da mensagem existe em todas as almas reencarnantes, variando-se apenas a sensibilidade dos diferentes sentidos (p. 44).

Dentre as crianças e jovens com autismo, há um alto percentual que pensa por padrões visuais, o que pode ser inferido por sua facilidade em manipular e montar objetos.

Temple Grandin, por exemplo, é uma autista que pensa por imagens. No seu primeiro livro, *Uma menina estranha*, de cunho autobiográfico, relata o seu prazer em construir coisas com as mãos:

> Criar – produzir alguma coisa com minhas mãos ou minha imaginação – era a música que me fazia dançar. Um exemplo: nas aulas de história, da quarta série estávamos estudando os homens das cavernas e nossa tarefa era construir ferramentas de pedras semelhantes aos que os homens das cavernas deveriam ter usado. Não era permitido usar nenhum tipo de material moderno, como cola ou barbante. Este era o tipo de trabalho que eu gostava de fazer (p. 44).

Na evangelização, todas aquelas atividades criativas que fazemos, todas as dinâmicas, todos os trabalhos coletivos, todas as encenações, dramatizações, contação de histórias, brincadeiras agradam a maioria das crianças, inclusive as que têm transtorno do autismo.

Do ponto de vista da teoria sociointeracionista, elas encontram respaldo naquele princípio segundo o qual, antes de se apresentarem novos conceitos teóricos, é indispensável que eles sejam amplamente vivenciados na prática, como fizeram as evangelizadoras do exemplo citado, usando uma construção em maquete, rica em elementos visuais. O importante é que o recurso utilizado contenha elementos que serão posteriormente trabalhados e aprofundados. A fala que se segue ao emprego de tais meios se "encaixa" na mente da pessoa que está aprendendo. Ela entende o significado e atribui sentido claro a tudo o que está sendo dito.

Estratégias e recursos que não envolvam leituras ou explicações orais são ótimos para as pessoas com o TEA. Planejar encontros com atividades diferenciadas, incluindo as de cunho manual e visual, como colorir desenhos, pintar, emparelhar figuras, empilhar, montar, desmontar etc., é oferecer a todos oportunidades de participação. De forma similar, as músicas coreografadas, as brincadeiras e jogos participativos, até mesmo esquetes com personagens adaptados ao jeito de ser do evangelizando com autismo também trazem a marca da inclusão.

Participar da atividade colabora com a construção do significado que se quer que ele entenda, o que lhe permitirá compreender o sentido do que está sendo ensinado. Os que usam a fala, assim como os demais colegas, podem estabelecer comparações com a própria vida, fazer perguntas, em clara demonstração de que estão assimilando os ensinamentos transmitidos.

Mesmo o autista muito dependente de suporte, não verbal, tem condições de absorver o conhecimento que está sendo passado, na medida em que está ouvindo e registrando tudo. Para esses e mesmo para os demais, em níveis mais leves, será sempre mais adequado que a comunicação se faça por meio de imagens, do que simplesmente pela fala.

A grande maioria dos não verbais costuma ser quase totalmente visual, razão pela qual compreende melhor aquilo que vê e não o que apenas ouve. Voltemos ao caso das evangelizadoras Amanda e Letícia. Suponhamos que na sala delas exista uma criança com o TEA que dependa de um suporte moderado. Se for convidada a fazer, por exemplo, a representação do mar onde os colegas colocarão aquilo que estão montando – barquinho, rede, peixinhos, pescadores e Jesus –, ela fará quando, na sua frente, forem colocados o papelão, a tinta azul e o pincel.

Se o sentido daquela cena ainda não tiver sido alcançado, é bem provável que aflore quando a vir pronta e a história for recontada. Isso acontece quando, no decorrer do trabalho, o evangelizador associa, várias vezes, cenas do filme à maquete em construção, enfatizando qual foi o papel de Jesus e dos pescadores, na história, e destacando sempre o seu poder extraordinário e o resultado obtido. Ou seja: permite que não somente ela, mas que todos entendam o início, o meio e o fim da narrativa.

Se a criança com autismo depende de um suporte para executar tarefas, uma das evangelizadoras pode ficar ao seu lado, fazendo perguntas, apontando e auxiliando-a, se achar necessário. Porém, se houver apenas uma educadora, pode convidar um colega para colaborar, tornando-se, momentaneamente, um parceiro. Essa atividade termina quando todos souberem recontar a narrativa da pesca milagrosa. Todos, indistintamente, pois qualquer um dos evangelizandos poderá ser escolhido para mostrar a maquete, explicando o que ela representa para outras pessoas – pais, evangelizandos de outras turmas ou visitas –, como forma de garantir a aprendizagem e levantar a autoestima. Mesmo o evangelizando com autismo poderá atuar, mostrando a parte que lhe coube no trabalho. Um dia aprende, no outro ensina.

Como todo o processo foi bem trabalhado, o sucesso está praticamente garantido. Os elogios que advirão serão sentidos por cada um como justos. Reconhecer que fez por merecer um aplauso é forte incentivo para que se esforce para continuar aprendendo. Isso funciona para todos, inclusive para os que estão no espectro autista.

Precisamos entender, no entanto, que, quanto mais sério for o nível do autismo, maior dificuldade haverá para que a compreensão seja alcançada. Muitas vezes, o evangelizador terá de contentar-se em deixar a criança colorir um desenho ou pintar, simplesmente, no seu ritmo e da forma que conseguir fazer. Outras vezes, ele poderá ser apenas um colaborador dos colegas em tarefas mínimas e pontuais. Ou, então, nos casos muito graves, se conseguir permanecer todo o tempo da atividade no ambiente, ainda que de forma passiva, haverá sempre a possibilidade de, espiritualmente, estar sendo atendido e aprendendo.

Atividade e consciência têm que andar juntas

A teoria sociointeracionista veio comprovar que retemos na memória e aprendemos melhor quando damos trabalho à mente. Pensemos em um encontro da evangelização. Um tema novo foi trabalhado inicialmente, mas ainda requer maiores aprofundamentos. A última atividade programada para o dia é um "caça-palavras" contendo alguns termos que foram empregados na apresentação do conteúdo novo. Qual será o foco da atenção do evangelizando? O significado de cada palavra, sua relação com o que foi aprendido, ou, simplesmente, as letras contidas nas linhas e colunas que formam palavras relacionadas ao tema? A experiência nos diz que o foco da consciência passa longe do conteúdo que se quer fixar. A mente está ocupada em achar o maior número de palavras. Nada mais.

E se, ao invés de caça-palavras, fosse algo como o jogo dos sete erros cujo desenho simbolizasse uma cura realizada por Jesus? Onde estaria a consciência? Na análise da cena? No papel de Jesus junto à pessoa que foi curada? Ou o olhar iria percorrer e confrontar cada detalhe de ambas as figuras, para encontrar os erros? Achar um e procurar imediatamente outro?

Conhecemos as respostas. O foco da consciência raramente se volta para uma reflexão acerca do que foi ensinado minutos antes. Ali, o que conta é o desejo de acertar, a diversão. Essa e outras atividades similares não acrescentam praticamente nada ao conteúdo aprendido; não lhe dão mais clareza nem aprofundamento. Não concorrem para que eles sejam correlacionados com a própria vida. Limitam-se a divertir, sem produzir nenhum tipo de reflexão.

É bem explícita a teoria nesse ponto: para que os conteúdos sejam verdadeiramente assimilados, necessário se faz que a mente, de forma consciente, esteja acompanhando o que está sendo dito, feito, proposto. Por isso, nada melhor do que controlar, por meio de perguntas lançadas em diferentes momentos para os evangelizandos, o grau de compreensão do que está sendo ensinado. Essa técnica permite ouvir a pessoa que está aprendendo, esclarecendo suas dúvidas, acolhendo suas contribuições e incentivando-a a ser artífice do seu próprio processo de aprendizagem. Provocar reflexões, pedir exemplos da vida real, instigar a turma para que estabeleça comparação com o que está sendo dito com as vivências de cada um na escola e na família são formas de manter atrelada a atividade à consciência.

Atividades interessantes são fortes aliadas no processo de aprendizagem porque colaboram na sustentação da atenção. Em determinados contextos e, em especial, quando se trabalha com crianças pequenas ou com as que estão no espectro autista, organizar tarefas curtas ajuda na manutenção do foco, evitando a dispersão. Vale lembrar que o hiperfoco, tão presente entre os autistas, favorece a união entre consciência e atividade. Eles são capazes de fixar-se em seus interesses por longos tempos. Observar tais hiperfocos e explorá-los nas atividades evangelizadoras são caminhos para a inclusão das crianças e jovens com o TEA.

Queremos, antes de prosseguir, explicar que, apesar de termos elegido o delineamento teórico sociointeracionista como opção para o trabalho do evangelizador espírita, entendemos que utilizar o reforço positivo, próprio de teorias comportamentais, é de grande utilidade, especialmente para aqueles que, nos seus espaços terapêuticos, estão habituados a serem assim reforçados.

ÊNFASE NOS PONTOS FORTES

MESMO NOS CASOS de pessoas com autismo no nível 3, o bom observador saberá perceber pontos fortes, preferências e habilidades que elas possuem. Naqueles em que o comprometimento e os déficits não são muito acentuados, descobrir potencialidades torna-se mais fácil ainda.

Marcos tem 16 anos e tem diagnóstico de nível três. Apesar de saber falar, não consegue se comunicar adequadamente, embora, aparentemente, entenda tudo. Nas atividades psicopedagógicas com sua terapeuta, ele apenas responde a comandos. Diante de um programa de computador, por exemplo, em que várias partes do corpo eram mostradas, sabia dizer o nome correspondente. Em outro programa, com vídeos de músicas e imagens, soube controlar o mouse para que, uma a uma, elas surgissem na tela. Algumas, ele demonstrou gostar muito, sorrindo e dando passinhos. Em outras, saía da cadeira, correndo e pulando, bem satisfeito.

Depois de fugir da sala e ter sido reconduzido de uma forma carinhosa, manifesta desinteresse por inúmeras atividades propostas, mas volta sempre a manipular um brinquedo de madeira, em formato de prancha vertical com vários obstáculos, contendo uma bolinha que, uma vez colocada no topo, desce até o final. Para continuar, a bolinha tem que ser recolhida e recolocada em cima. Faz isso inúmeras vezes, com destreza motora.

Outra atividade que faz com facilidade e visível prazer é o jogo da memória. É interessante o fato de ele gostar muito que lhe façam cafuné. Assim, cada vez que acerta, abaixa a cabeça para que a psicopedagoga faça esse agrado. Observando o seu comportamento, foi-lhe fácil descobrir alguns de seus pontos fortes, certas preferências e explorá-las.

Esse caso é uma típica exemplificação de como é possível se detectarem gostos e habilidades de uma pessoa com o TEA. Nele, patenteiam-se a satisfação do jovem com a música e a facilidade que encontra em observar figuras de um jogo, memorizando sua posição no conjunto. Nota-se, também, sua destreza na manipulação de pequenos objetos, colocando-os rapidamente em suas posições corretas.

Observação acurada das ações e motivações das crianças e adolescentes com autismo e olhar sensível para aquilo que elas revelam nos seus comportamentos são dois cuidados indispensáveis aos seus pais, terapeutas e educadores.

Há capacidades latentes que podem desabrochar quando encontram abertura, como a que aconteceu com Léo em relação os arranjos de plantas, conforme relato da mãe, a seguir.

Sempre que posso, incentivo as mães com quem converso a observar as potencialidades dos seus filhos e oferecer-lhes oportunidades para desenvolver suas habilidades.

Certo dia, eu estava fazendo vários arranjos de plantas. Um deles era feito em um vaso do tipo bacia, onde eu colocava variedades de cactos e finalizava com pedrinhas brancas. Percebi que o Léo me observava concentradamente. O fato chamou a minha atenção. Então, voltei-me para ele e pude perceber, no seu olhar, o desejo de organizar ele próprio um arranjo semelhante àquele. Isso era algo que ele jamais havia feito. Serviço trabalhoso. Depois de colocar-se a terra no vaso, é preciso plantar esteticamente cinco ou seis cactos de formatos e alturas diferentes e finalizar cobrindo toda a terra com pedrinhas brancas. Imediatamente, troquei de posição com ele, pondo a sua frente, além do vaso com um pouco de terra, seis cactos variados, previamente retirados dos saquinhos onde estavam, uma pequena pá, uma vasilha com terra e outra com pedrinhas. Fiquei absolutamente surpreendida quando o vi pegar planta por planta e arrumar corretamente no vaso, depositando a terra e finalizando com as pedrinhas, uma tarefa difícil até mesmo para um adulto não familiarizado com esse tipo de atividade. Ver o arranjo pronto me deixou encantada.

A partir daquele dia, passei a oferecer-lhe a oportunidade de colaborar no cuidado com plantas que temos em casa, o que ele faz com presteza, correção e visível prazer. É, de fato, incrível a sua habilidade manual e o gosto pelas plantas.

Trago este relato para mostrar o quanto as crianças e jovens com autismo são capazes. Basta que lhes propiciemos as oportunidades. Penso que, se não as damos, eles nunca irão nos demonstrar o que estão aptos a fazer. É nossa obrigação oferecer-lhes essas oportunidades, acreditando que ali tem um ser com potenciais que podem ser desenvolvidos. Sei que, se nós não tivéssemos dado ao Léo o ensejo de fazer o primeiro arranjo naquele dia, talvez nunca descobríssemos essa sua habilidade que lhe causa grande prazer.

Aprendendo com Temple Grandin

No seu livro *Uma menina estranha*, Grandin narra a importância que tiveram sua mãe e um dos seus professores – William Carlock – por seu êxito na vida. "[...] uma pessoa que não via rótulos, apenas talentos subjacentes. Era alguém que achava possível construir com o que o aluno podia oferecer, aquilo que ele traz" (p. 87).

No livro *O cérebro autista. Pensando através do espectro*, ela dedica dois capítulos (6 e 8) para abordar, exclusivamente, a importância que deve ser dada aos pontos fortes das pessoas com autismo. Embora reconheça a presença dos déficits, ela condena o fato de a ênfase recair sobre eles, deixando de lado os aspectos positivos, as capacidades e as habilidades. Essa crítica é reforçada ao acrescentar, no seu texto, uma conversa que tivera com uma diretora de escola para crianças com autismo: "Mas quando lhe perguntei como ela identificava os pontos fortes, ela imediatamente começou a falar de como eles ajudavam os alunos a superarem seus déficits sociais" (p. 187).

É muito original – e deveria servir de exemplo para todos nós – sua forma de abordar os pais quando deseja saber quais são as preferências e habilidades dos filhos com o TEA, quando os encontra pela primeira vez. Seus diálogos se iniciam com uma série de perguntas: "Qual é o assunto favorito do seu filho? Ele tem algum passatempo? Há alguma coisa que ele tenha feito – trabalho artístico, artesanato, qualquer coisa – que ele queira me mostrar?" Conclui dizendo que "às vezes leva um tempo para os pais perceberem que seu filho tem um talento ou um interesse" (p. 187).

Com sua larga experiência sobre a educação de crianças e jovens autistas, a autora chama a atenção para um ponto que nos parece crucial: a de não tratar a todos os estudantes como iguais, no afã de promover a socialização.

É um erro colocar crianças do espectro na mesma sala

de aula com não autistas e tratá-las todas do mesmo modo. Para a criança do ensino fundamental, estar na mesma sala de aula com colegas normais[42] é bom para a socialização [...], Mas se a escola tratar todos do mesmo modo, adivinhe: quem não for igual vai ficar isolado. Essa pessoa será discriminada em sala de aula (p. 189).

Como consequência – aponta – será discriminada para sempre, indo parar em salas de aula à parte e até mesmo em escolas especializadas em transtornos.

Sua sugestão é verificar não apenas o que o estudante não consegue fazer, mas também o que está apto a realizar. "Em vez de ignorar as deficiências, é preciso se ajustar a elas. [...] Mas, para realmente preparar crianças para participar do curso da vida, é preciso mais do que ajustar suas deficiências. É preciso encontrar formas de explorar os pontos fortes delas" (p. 191).

Temple Grandin prossegue, explicitando os principais campos em que as pessoas com autismo podem ser habilidosas. São indicações que nos parecem muito oportunas e adequadas ao trabalho dos evangelizadores espíritas da infância e juventude.

Desta forma, sugerimos que, para os evangelizandos no espectro autista que pensam por imagens e têm facilidade de trabalhar com as mãos, sejam priorizadas atividades que explorem essa aptidão, de acordo com o explicitado no capítulo anterior. Eles podem participar com os demais colegas da construção de pequenas maquetes com elementos concretos para representar conceitos, fenômenos espíritas e passagens da vida de Jesus; criar cenários com Lego e bonequinhos, para expressar seus sentimentos ou algo que queira dizer por imagens; representar situações ou histórias mediante desenho, pintura, colagem etc.; manipular

---

42. Nós não utilizamos a palavra "normal" para referirmo-nos às pessoas que não têm o autismo. Usamos neurotípico.

bonecos em teatro de fantoche, como faz o jovem William Tziavaras em um simpático vídeo na internet, por exemplo.[43]

Outros há que pensam por palavras. São aqueles que conseguem memorizar diálogos inteiros de filmes e vídeos, repetem *jingles* comerciais e sentem prazer em contar aos outros detalhes de temas de suas preferências, como um super-herói, carros, dinossauros, aviões e tantos outros. Se ainda são crianças, poderão sentir-se muito à vontade participando de pequenos esquetes ou de algumas das variadas técnicas de representação teatral que se usa comumente na evangelização. Tratando-se de autistas jovens, vale a pena pedir-lhes para escrever pequenos contos, poemas; criar roteiros para representações artísticas, esquetes ou vídeos; ou, ainda, editar vídeos. Recordando a produção poética de Tito Mukhopadhyay e os contos de Naoki Higashida, afirmamos que há muita habilidade escondida que, encontrando canais adequados, podem ser exteriorizados de forma magnífica.

Um ponto forte para muitos autistas, conforme vimos, é a facilidade de observar detalhes. Há inúmeras atividades que exigem acuidade perceptual, como emparelhamento de figuras, jogo da memória, montagem de objetos e figuras tridimensionais – como Léo com seus aviões e carrinhos de madeira –, de quebra-cabeças, que também podem ser explorados pelo evangelizador. O importante é tentar, ao máximo, trabalhar o mesmo conteúdo com todos, mas, sempre que necessário, procurar adaptar as atividades aos evangelizandos com autismo. Aliás, essa recomendação é validada para todos os que possuem alguma deficiência, algum transtorno ou até mesmo altas habilidades.

Na nossa experiência no campo da evangelização infantojuvenil temos testemunhado a importância de trazer o lúdico, a criatividade e as artes nas atividades propostas. A aprendizagem se dá

---

43. O site do IASC apresenta esse vídeo e muitos outros com autistas não falantes que se comunicam por soletramento.

com maior facilidade quando os aprendizes vivenciam experiências ricas de significado e sentido, envolvendo-se em tarefas que exigem mãos laboriosas, corações a exercitarem bons sentimentos e mente ativa, antenada com outras mentes. Em relação aos evangelizandos com autismo, é bom ficar atento se a atividade programada tem algum componente que possa sobrecarregar seus sentidos, causar excitação motora ou lhes causar mal-estar, como abraços ou contatos físicos.

Para permitir que participem, deve tentar acomodar a tarefa às suas necessidades, sem jamais forçar a situação.

Outro ponto que requer atenção é saber se o evangelizando está precisando de algum tipo de suporte e, se for o caso, providenciá-lo. Em geral, basta a parceria com um colega ou da própria pessoa que está dirigindo os trabalhos.

Levantando véus que escondem os ricos potenciais do autismo, Ido Kedar nos revela um pouco da sua trajetória e conquistas.:

> Sou um cara autista com uma mensagem. Passei a primeira metade da minha vida completamente preso, em silêncio. A segunda: buscando me tornar uma alma livre. Tive que lutar para conseguir uma educação, mas consegui, me formei no ensino médio com um diploma e um excelente índice acadêmico. Vou continuar minha educação na faculdade. Eu me comunico digitando em um *iPad* ou um quadro de letras. Meu primeiro livro, *Ido in Autismland* é um diário de autismo, contando a história dos meus sintomas, educação e jornada para a comunicação. Meu segundo livro, *Em dois mundos*, é um romance. Espero que através do meu trabalho possa ajudar outras pessoas autistas encontrar uma saída para o seu silêncio também.[44]

---

44. Essa mensagem consta da sua apresentação no *site* Ido in *Autismland*.

Esse jovem de 24 anos ensina que não nos é lícito fazer julgamentos precipitados sobre pessoas com autismo. Eles podem ser muito mais capazes do que imaginamos, da maneira que lhes é peculiar, deixando brilhar a luz da chama divina que se abriga em todos nós.

> "Brilhe a vossa luz", disse o Mestre inesquecível. Acenda cada aprendiz do Evangelho a lâmpada do coração. Não importa seja essa lâmpada pequenina.
>
> A humilde chama da vela distante é irmã da claridade radiosa da estrela.
>
> É indispensável, porém, que toda a luz do Senhor permaneça brilhando em nossa jornada sobre abismos, até a vitória final no porto da grande libertação.[45]

---

45. André Luiz, do livro *Apostilas da vida*, p. 6.

UM ESPÍRITO INTELIGENTE QUE ANSEIA SER OUVIDO

COMO EVANGELIZADORES, SOMOS colaboradores dos pais na sua missão de ajudar os filhos a evoluírem espiritualmente, aproximando-os de Deus.

Compreendemos que todas as crianças e jovens que nos são confiados por seus pais, indistintamente, são espíritos imortais, vivendo temporariamente uma experiência terrena. Todos voltaram à Terra em nova reencarnação, para adquirir novas aprendizagens, burilar arestas, ajustar-se às leis divinas.

É esse vir e retornar ao Plano Espiritual que nos define como seres interexistenciais, com uma bagagem haurida em vidas passadas e com um futuro à frente. Voltamos em novo corpo para evoluir. Postulado básico da doutrina espírita, Emmanuel assim o traduz: "[...] atendendo ao desenvolvimento espontâneo, acha-se o espírito materializado na arena física, manifestando-se pelo veículo carnal que o exprime".[46] Na reencarnação de um número incontável de pessoas, esse "veículo carnal" traz as marcas do transtorno do espectro autista – desordem que a ciência investiga, limitando-se, porém, às questões meramente físicas.

---

46. *Pensamento e vida*, cap. 14.

Coube ao pesquisador e escritor espírita Hermínio Miranda abrir caminho para estudos entrelaçando autismo e questões ligadas ao espírito, com o seu livro *O autismo, uma leitura espiritual,* lançado no Brasil em 1998.

A obra é rica em informações baseadas em estudos e pesquisas da época em que foi escrita. Dentre suas muitas contribuições, há a que aborda a possibilidade de o autista com maior severidade ser alguém que deseje muito se comunicar, mas que encontra barreiras nas suas próprias limitações. "[...] há que reservar espaço suficiente para os casos em que a entidade espiritual aprisionada no corpo deficiente deseje, mas não consiga, estabelecer um sistema aceitável de intercâmbio" (p. 158).

No capítulo em que tratamos dos autistas não falantes, mas que se comunicam, todos os casos apresentados nos levam a crer que, de fato, o espírito se sente aprisionado no corpo deficiente. Destacamos os depoimentos da jovem canadense Carly Fleischmann como um dos mais ilustrativos a esse respeito, por confirmar a plausibilidade dessa hipótese.

Ao contrário dos demais, ela não aprendeu a se comunicar sob a orientação de alguém. Certo dia, quando tinha 15 anos, estava em uma sala de sessão terapêutica, onde havia um computador, quando começou a passar muito mal. Querendo que alguém a ajudasse, correu até o aparelho e digitou duas palavras – *"help pain"* (socorro dor) – e saiu correndo para o banheiro, onde vomitou. A terapeuta que a acompanhava, retornando, viu aquelas palavras na tela e mal acreditou quando percebeu que Carly havia pedido socorro minutos antes.

Causa-nos comoção ler o seu depoimento, na sua página do *Facebook*, aos 22 anos. [47]

Por uma parte significativa da minha vida, fiquei sem voz. Ninguém conseguia ouvir meus pensamentos ou minha voz

---

47. *Facebook*, postagem em 23/10/2017. Desde 2018 deixou de postar. Acesso em 08/12/2020. (Original em inglês, traduzido pelo aplicativo).

interior, que eu queria divulgar. Gritos de estou aqui ecoaram em minha cabeça. Fui vítima da minha própria Apraxia Motora Oral. Meu cérebro sabia o que queria dizer, mas a mensagem do meu cérebro para a minha boca estava embaralhada. Não fui capaz de controlar as habilidades motoras finas de que precisava para fazer sons com minha boca. Eu era uma prisioneira presa, com uma mente linda, que queria mais na vida. Gostaria de apontar coisas que queria, tentando encontrar uma maneira de me comunicar com qualquer pessoa que me ouvisse, tentando mostrar a eles que eu estava dentro do meu corpo. Era quase impossível de ver isso, considerando meus braços agitados até meus acessos de raiva diários. Eu parecia um navio perdido no mar.

Essa imagem nos transmite a perfeita noção dos sentimentos que pessoas com autismo que não falam abrigam no íntimo do seu ser.

Uma vez encontrado um canal de comunicação, um novo mundo rico de possibilidades e encantos abriu-se a sua frente.

Depois de muito trabalho e persistência, uma voz surgiu, não pela minha boca, mas pelos meus dedos. Eu estava sendo ouvida agora. Minha vida começou a tomar forma. Pude frequentar o ensino médio e definir metas que ninguém imaginava que alguém com autismo pudesse ou devesse fazer. Eu não sou uma exceção, sou como qualquer outra pessoa lá fora. Nossa voz interior é poderosa, tudo o que precisamos está lá. Nossa voz interior é poderosa, – ela repete – tudo de que precisamos é uma maneira de colocá-la para fora.

Também o jovem Fernando Murilo exemplifica essa questão do aprisionamento do espírito. Apesar de ainda depender da mãe para ser sua intérprete, consegue expressar-se de uma forma extraordinária. Com a veemência que lhe é própria, declara:

Eu vivia entendendo tudo. Mas não sei por que Deus me fez imperfeito justamente sem o poder da fala e escrita. Assim passei anos sem mostrar o que podia entender. Eu sempre pensei, sempre entendi, sempre apresentei muito pouco. Por que sou falhado. Mas o problema em apresentar o mundo para mim não me definiu. O que me definiu foi minha fortaleza. Minha família.

Ainda temos muito o que aprender no campo do autismo. Há situações que as explicações fogem à ciência convencional, mas que, sob a ótica do espiritismo, são claras, conforme se constata no alerta feito por Thereza de Brito, na obra *Vereda familiar*:

> Mesmo na condição de estar temporariamente esquecido de si mesmo, o ser não se mostra, por isso, apartado das reminiscências que, do inconsciente, visitam-lhe a consciência, apresentando a sua formidável bagagem de variadas conquistas. Em observar atentamente esse bojo de conquistas devem-se ocupar todos aqueles que lidam com os petizes, desde que informados da realidade da reencarnação (p. 46).

Esse olhar que transcende ao tempo e ao espaço nos faz compreender, por exemplo, quando Carly afirma: "[...] nossa voz interior é poderosa", ou quando Fernando diz: "[...] o que me definiu foi a minha fortaleza". Se há um poder tão limitado na presente vida, de onde vem, então, toda essa força? Não temos dúvida em responder: de existências passadas e na presença de Deus em suas vidas.

Temple Grandin, em *Uma menina estranha*, conta-nos que, quando era menina, gostava de passar longas horas no observatório que havia na parte mais alta da sua escola. Certo dia, seu professor indagou sobre o que ela havia encontrado lá, ao que ela respondeu: "Eu, a minha vida. Deus" (p. 86).

A comunicação de Léo

A partir do nosso conhecimento doutrinário, vemos em cada um dos casos aqui apresentados, como o de Carly, Fernando e os demais que citamos anteriormente, a presença de um espírito inteligente, mas que não conseguia se expressar, por dificuldades de cunho neurológico.

Léo, mesmo sem ter a capacidade de externar seus pensamentos por meio de algum recurso, também desvela, em breves lampejos, o que se esconde por detrás do som inarticulado que teima em não sair da sua boca.

Em toda minha vivência com Léo e "seu autismo", um dos acontecimentos mais importantes para mim foi o fato de observar, em seus olhos, palavras não ditas. O jeito com que ele me fitava parecia, sempre, me dizer: "Sou lúcido, apenas não consigo me comunicar". Eu não imaginava o quanto de verdade havia naquele olhar e na minha interpretação.

Quando ele contava 11 anos de idade, descortinou-se para nós um universo de conhecimentos que teria nos surpreendido se não soubéssemos, como espíritas, da pluralidade das existências e da possibilidade de haver, em certas pessoas, um afloramento de memórias de vidas passadas. Um dia, na saída da clínica, nós aguardávamos, no ponto, o ônibus que nos levaria de volta para casa, como sempre o fazíamos. Ao longe, pude ver que o nosso se aproximava, seguido de outro, da mesma empresa. Por distração, já ia entrando no veículo errado, quando Léo me puxou pela mão, me levando para o ônibus certo. Aquilo me deixou atônita, pois ambos eram idênticos, somente o letreiro na frente indicava o local à que se destinava.

Foi então que decidi submetê-lo a vários testes. Comecei formulando oralmente perguntas e, apresentando-lhe, em seguida, uma folha de papel com quatro ou cinco palavras. Pedi-lhe, então, que circulasse a que correspondia à resposta correta.

Minha surpresa foi imensa ao constatar que ele respondia a todas, com grande facilidade e sorrindo.

Ao partir para questões pessoais, como "do que você gosta?" ou "está feliz ou triste?", ele resistia a responder.

Os assuntos preferidos eram história, geografia e ciências. Perguntas formuladas em outros idiomas, como inglês e francês, foram respondidas com a mesma naturalidade, com nível de acertos em torno de 99%. Quando lhe perguntamos qual o idioma com o qual tinha mais afinidade, ele respondeu: árabe.

Essa fase nos trouxe grandes esperanças e a certeza do quanto nosso filho nos compreendia e nos amava, fazendo-nos respeitar, ainda mais, suas limitações e as de todos os outros em situações semelhantes.

Notamos que nem sempre ele se mostra disposto a responder perguntas. Passa longos períodos recusando-se, completamente, a fazê-lo, e nós não insistimos.

Alegra-nos o fato de saber quem está ali, que não se trata de uma pessoa ausente, mas de alguém que apenas aceitou suas limitações. Como espírita, seu pai e eu entendemos o esforço que faz para levar sua prova até o fim.

Essa questão da comunicação me leva a pensar em quantos autistas não verbais são considerados inaptos ou incapazes para qualquer atividade, sem que ao menos lhes tenham sido dada a oportunidade de tentar.

Quando pensamos em não verbais, não podemos associar a "incapazes" ou "severos", como se propaga atualmente.

Há um grande universo a ser explorado, pouco conhecido e rico, que é o silêncio do autista que não se exprime pela fala. Os casos de autores de livros que ilustram esta obra são uma prova de que eles têm muito a dizer. Cabe-nos percorrer o caminho desse tesouro chamado **conhecimento**.

Explicações em Kardec

Todos esses depoimentos vêm confirmar o que os espíritos superiores responderam a Allan Kardec acerca da existência de um espírito consciente, preso em um corpo no qual o poder de comunicação é limitado, como os que aqui reportamos.

Na *Revista Espírita* de julho de 1860, ao comentar a presença de deficiências que podem ocorrer no cérebro, o instrumento de que se vale o espírito para se manifestar, o codificador afirma que elas podem constituir-se em um sério obstáculo a suas atividades.

> O espírito está como que aprisionado e sofre essa constrição, mas nem por isso deixa de pensar como espírito, do mesmo modo que um prisioneiro atrás das grades.[...] os órgãos não são a causa das faculdades, mas simples instrumentos, com o auxílio dos quais as faculdades se manifestam com maior ou menor liberdade ou precisão; que muitas vezes funcionam como abafadores, que amortecem as manifestações, o que explica a maior liberdade do espírito, uma vez desprendido da matéria.[48]

Recorremos a essa explicação de Kardec, conscientes de que ele não estava tratando do autismo – transtorno desconhecido na sua época – e sim de deficiências intelectuais. Sabemos que o autismo, em si, não configura uma deficiência intelectual. No entanto, se naquela situação, mesmo com prejuízos físicos, cerebrais, a pessoa não "deixa de pensar como espírito", podemos inferir que o mesmo deve ocorrer, em especial, com os autistas que não falam. A nosso ver, essa explicação se aplica à questão do enclausuramento do espírito a que alguns autistas se referem.

---

48. Kardec escreveu esse comentário referindo-se a crianças com grave deficiência intelectual, o que não é o caso do autismo. Ele também se refere a essa questão em *O Livro dos Espíritos*, pergunta 371.

É exatamente assim que Carly se sentia: "Eu era uma prisioneira presa com uma mente linda que queria mais na vida". E, demonstrando um espírito ativo, pensante, retido naquele corpo que nem sempre obedecia aos seus comandos mentais, ela afirma: "Nossa voz interior é poderosa, tudo o que precisamos está lá". Hermínio Miranda, no livro *Nossos filhos são espíritos"*, lançado 131 anos depois, teve a oportunidade de confirmar a presença de um espírito inteligente em um corpo com deficiência. Ao relatar a história de um menino que, apesar de ter um corpo perfeito, tinha apenas vida vegetativa – sem andar, falar e jamais sair do leito – e que, assim, viveu por três décadas, ele nos mostra uma realidade espiritual bem diversa daquela que era vista por todos. Amigos espirituais, com os quais mantinha diálogo nas reuniões mediúnicas que dirigia, lhe contaram a respeito de uma entrevista que fizeram com o menino durante o sono do corpo físico, na qual puderam constatar que "[...] fora do corpo deficiente, que lhe impunha severas limitações, ele era perfeitamente lúcido" (p. 128).

Ou seja, o espírito percebe o que se passa ao seu redor e tem consciência da sua limitação.

Confirmando essa importante questão, encontramos no livro *O cérebro autista*, de Temple Grandin, uma interessante análise do comportamento de Tito Mukhopadhyay, quando ela tem oportunidade de testar sua capacidade intelectual, na biblioteca do seu local de trabalho. Propõe-lhe três desafios simples, cumpridos com acerto. Após cada resposta, ele sai correndo, sacudindo os braços, dando várias voltas antes de retornar. Vendo-o agir dessa forma, ela sugere que há ali um *eu pensante* e um *eu atuante,* a quem chama de espírito.

> Aquele eu, o pensante, estava "cheio de aprendizados e sentimentos". E frustrações. Ele se lembrava de um médico que tinha dito aos seus pais que ele não entendia o que ocorria à sua volta e o espírito do menino, seu eu pensante, disse: "Entendo perfeitamente." O eu atuante corre

pela biblioteca batendo os braços. O eu pensante observa o atuante correr pela biblioteca batendo os braços (p. 86)

Apesar das suas dificuldades motoras, Tito escreve belos poemas, publicados nas redes sociais. Um deles se encontra no Anexo 2. Também superando suas limitações físicas, Naoki Higashida escreve contos interessantíssimos do ponto de vista espiritual. No seu primeiro livro, há um deles que fala de reencarnação. O personagem, um menino que morrera atropelado, conversa com Deus, pedindo-lhe para voltar, mas fica triste quando sabe que vai renascer em novo corpo sem se lembrar de que era filho dos mesmos pais (Anexo 3).

Há, do ponto de vista espiritual, várias formas de se analisar a questão do autismo, não se podendo descartar, inclusive, a possibilidade de haver algum tipo de interferência espiritual.

Muitos julgam que todas os constrangimentos do corpo físico sejam resgates que o espírito precisa fazer. Kardec admite que pode ser uma prova deliberadamente escolhida pelo espírito, visando ao seu adiantamento. Além do mais, no livro *Plenitude*, a querida mentora Joanna de Ângelis nos esclarece que: "Há, em nome do amor, casos de aparentes expiações [...] que escolheram essas situações para lecionarem coragem e conforto moral aos enfraquecidos na luta e desolados na redenção" (p. 68).

Procurar saber se são resgates ou provas, ou mesmo outro motivo que ignoramos, não deveria ser alvo de nossas preocupações. Emmanuel, no livro *Roteiro*, lembra-nos a atitude do mestre Jesus ante os necessitados de saúde que o procuravam: "Aos enfermos não indaga quanto à causa das aflições que os vergastam, para irritá-los com reclamações. Auxilia-os e cura-os" (p. 84).

Ao educador espírita de crianças e de jovens não importam as causas de ordem transcendental que ocasionaram o autismo. Todos os seus evangelizandos são espíritos que reencarnaram para cumprir mais uma etapa no seu progresso rumo à perfeição. Está nas suas mãos ser, ao lado da família, mais um colaborador nessa empreitada. Precisamos estar atentos ao nosso papel de ajudá-los na compreensão e na vivência da mensagem evangelizadora do Cristo.

É, ainda, Joanna de Ângelis, em *Alerta*, que reitera: "Seja qual for a limitação física do teu próximo, ele se encontra, na Terra, qual ocorre contigo próprio, com o objetivo superior de crescer, redimindo-se do ontem e planificando o amanhã. Honra-o com a concessão do momento, a fim de que possa demonstrar o valor de que é dotado" (p. 61).

O instrumento não é tão bom quanto o músico

O tema do transtorno do espectro autista somente em anos recentes passou a ser alvo de estudos e pesquisas. Novas visões vão surgindo à medida que os próprios autistas começam a revelar os motivos que os levam a agir dessa ou daquela forma.

Naoki Higashida, quando ainda era um pré-adolescente, assim registrou suas dificuldades diante do desafio de executar algumas tarefas:

> É como se todo o meu corpo, exceto minha alma, pertencesse a outra pessoa e eu não tivesse nenhum domínio sobre ele. Acho que vocês nunca seriam capazes de imaginar quanta agonia essa sensação causa. Nem sempre dá para perceber só olhando para uma pessoa com autismo, mas nós nunca sentimos que nossos corpos de fato nos pertencem. Eles estão sempre agindo sozinhos e escapando de nosso controle. Aprisionados lá dentro, lutamos o tempo todo para que façam o que mandamos.[49]

---

49. *O que me faz pular*, p. 56.

É, de fato, uma situação que vem chamando a atenção dos pesquisadores e que merece ser melhor investigada. Conforme vimos em capítulos anteriores, para muitos autistas, o que os impede de executar corretamente determinados movimentos não é desatenção ou dificuldade de interpretação de comandos que lhe são passados, mas, sim, dificuldades motoras, uma desconexão entre áreas cerebrais e os membros que executam movimentos corporais. Eles sabem o que é para fazer, mas não conseguem transformar esse saber em ato.

Na evangelização, por exemplo, é muito comum haver coreografias para determinadas músicas. São gestos simples, que a garotada aprende de pronto. Se uma criança ou jovem com autismo quiser acompanhar os movimentos dos demais, possivelmente terá dificuldade, embora tenha a exata noção do que deve ser feito. Como diz Higashida: "[...] lutamos o tempo todo para que [os corpos] façam o que mandamos."

A esse respeito, assim elucidou Grandin: "Tito, Carly e Naoki têm uma espécie de síndrome de 'bloqueio', em que uma mente inteligente fica presa dentro de um corpo que tem dificuldade em controlar os movimentos. É necessário um tremendo esforço para prestar atenção".

Apesar de não atribuir ao espírito a "mente inteligente", notamos, na sua explicação, uma semelhança com o que dissera Kardec sobre a questão da influência dos órgãos sobre as faculdades do espírito (*O Livro dos Espíritos*, q. 372 a):

> Nunca dissemos que os órgãos não têm influência. Têm uma influência muito grande sobre a manifestação das faculdades; porém, não as produzem; eis a diferença. Um bom músico com um instrumento ruim não fará boa música, mas isso não o impedirá de ser um bom músico.

Reputamos como extremamente importante a compreensão dessa afirmativa, pois nos permite fazer um paralelo com inúmeras situações em que se encontram pessoas com autismo. Pensemos no espírito como um bom músico. Ao assumir um corpo que tem características próprias, cujo funcionamento não se enquadra nos padrões neurotípicos, o "som" que ele irá produzir não irá corresponder ao seu nível de capacidade.

Sue Rubin, roteirista e consultora sobre deficiências, tenta explicar para os seus numerosos seguidores do *Facebook* como essa dificuldade a afeta. Vale lembrar que é não falante e que se comunica digitando.

> Há apenas dois dias, meu corpo não cooperativo me causou constrangimento. Quando a pessoa que fez a minha braçadeira estava tentando consertá-la, eu continuei pegando suas mãos, não o deixando trabalhar. Eu não conseguia parar de fazer isso. Eu fiquei, realmente, muito envergonhada. Vivo com constrangimento constante.[50]

Por que isso acontece? Como explicar o autismo na ótica científica? Seja o que o provoque, o espectro é tão amplo e comporta um número tão elevado de variáveis, que nós não temos, até agora, condições de afirmar, com convicção, o que está por trás de cada quadro. Resta-nos, como educadores, acolher as pessoas com o TEA, incluí-las, ajudá-las – assim como a todos os educandos que estão sob nossa orientação – a cumprirem o programa reencarnatório que planificaram antes de renascer.

O nosso, deve ser um olhar que focaliza suas potencialidades e não os seus déficits; que respeita suas singularidades e peculiaridades, sem nenhuma preocupação de anular as diferenças que venham a apresentar. Respeitar o véu do esquecimento que o Pai oferece a cada um de nós quando renascemos em novo corpo é a nossa forma de dizer: "Caminhemos juntos! Conte comigo!"

O centro espírita, por meio dos passes, da água magnetizada, da terapia desobsessiva, do atendimento fraterno, do acolhimento

---

50. Postagem publicada em 15/02/2021.

amoroso e sincero, reúne excelentes condições de ajudar as pessoas no espectro autista, bem como suas famílias. E o núcleo familiar pode concorrer igualmente para esse fim, mediante preces e o culto do Evangelho no lar.

Da mesma maneira que não nos debruçamos sob as causas do autismo sob o prisma da ciência, não o faremos sob a ótica espírita. Àqueles que buscam uma explicação alentadora, queremos, apenas, recordar que Divaldo Franco não descarta a possibilidade de tratar-se de "[...] uma experiência iluminativa solicitada pelo próprio espírito, a fim de contribuir em favor de estudos científicos que irão beneficiar outros, ao mesmo tempo um esforço pessoal para o maior crescimento sociopsicológico".[51]

De uma coisa nós temos certeza: Deus nos criou iguais e deu--nos instrumentos para que trabalhemos pela nossa ascensão rumo aos Planos Superiores. A experiência do autismo pode ser um desses instrumentos. Meditemos nessas palavras do Espírito da Verdade, em *O Evangelho segundo o Espiritismo*:

> Bebei na fonte viva do amor e preparai-vos, cativos da vida, para vos lançardes, um dia, livres e alegres no seio d'Aquele que vos criou fracos para vos tornar perfeitos e deseja que modeleis, vós mesmos, a vossa dócil argila, a fim de serdes os artesãos de vossa imortalidade. (Cap. VI, 6).

O papel da doutrina espírita em minha vida

É inegável a diferença que faz, na nossa vida de pais de filho autista, a doutrina espírita. Não posso negar que receber a notícia de que se tem um filho nessa situação gera um impacto emocional muito grande. No entanto, quando se tem conhecimento das

---

51. Essa citação encontra-se no site "Divaldo Franco".

múltiplas existências, da vida após a morte, das consequências espirituais dos nossos atos, dos resgates e tudo mais, esse impacto se torna muito menor.

Atualmente, eu vejo a grande diferença existente entre a forma como nós, mães e pais espíritas, recebemos a notícia de que o filho é autista e a de outras que não cultivam a religiosidade ou que, pelo menos, não têm a compreensão de que nós somos imortais, vivendo existências sucessivas. Creio que somos preparados, quando retornamos à Terra, para uma nova jornada.

Quando o Léo nasceu, eu já era espírita há mais de 20 anos e posso assegurar que, espiritualmente, fui preparada para recebê-lo, o que de certa forma, me confortou.

Reconheço, no entanto, que é sempre um choque perceber que sua criança não é como as demais. No entanto, depois de ler muitos livros espíritas acerca do planejamento reencarnatório e de como a família era preparada, eu senti que estava, sim, pronta para recebê-lo em nosso lar e na minha vida – permitam-me dizer – mais do que a maioria das mães que conheço.

Não vou negar que chorei e me entristeci profundamente quando eu o vi imobilizado em um canto, parando de falar e, principalmente, no momento em que tive a confirmação de que tinha autismo. Mas encontrei o consolo no conhecimento doutrinário espírita, e isso fez toda a diferença.

Percebo muitas famílias que recebem um filho com autismo como se fosse um castigo. Mas não é e nunca será. Fico penalizada sempre que ouço alguém dizer: "O que foi que eu fiz? Por que o meu filho havia de vir desse jeito? Deus não gosta de mim!". Acredito que isso possa ser um agravante para a situação daquela criança. Ser recebida como um castigo, como uma punição divina, poderá fazê-la sentir-se como tal. Mesmo que não se expresse com essas palavras, penso que o fato de a família nutrir tais sentimentos irá repercutir no seu íntimo, fazendo-a sentir o peso de tudo isso.

A importância dos recursos espirituais

Cuidar da assistência espiritual dos nossos filhos é vital para pacificar sua alma. Quando Léo era pequeno, todas as vezes que fazíamos o culto do Evangelho no lar, ele criava um ambiente difícil de ser contornado, tamanho era o nível de sua interferência. Batia, revirava os móveis e gritava o tempo todo. Diante desse quadro, nós decidimos mudar de lugar. Passamos a fazer o nosso culto dentro de um quarto, com todos sentados na cama, inclusive ele. Foi preciso quase um ano para que se acalmasse. Conseguimos, finalmente. A partir de então, voltamos a fazer o culto do Evangelho ao redor da mesa, na sala. Todas as vezes, antes de iniciar, contamos com a sua colaboração. É ele quem coloca a toalha sobre a mesa, leva a bandeja com as xicrinhas de água para a fluidoterapia, pega os livros de mensagens de O Evangelho segundo o Espiritismo e os entrega abertos, para cada um. Depois, senta e participa tranquilamente de todo o culto. Ao término, é ele mesmo quem retira e guarda tudo. Durante todo o tempo, mantém o semblante calmo e doce. É visível o prazer que sente em participar.

Outro aspecto que gostaria de registrar é relativo à prática da oração.

Léo era muito novinho quando fui orientada pelo dirigente do meu centro a conversar com ele, em espírito, enquanto dormia. Assim, todas as noites, ao vê-lo dormindo, lia uma página do Evangelho e falava do nosso amor por ele, deixando-o saber o quanto era bem-vindo à nossa família. Também aproveitava para dizer-lhe que o mundo do lado de cá poderia ser tão bom quanto o outro; que se sentisse à vontade, entre nós, porque seria sempre muito amado, muito querido.

A partir de certo momento, ele passou a acordar durante a minha oração e não conseguia voltar a dormir. A solução foi começar a fazer com ele acordado. E, até hoje, é com imenso carinho que o vejo ir se deitar e ficar me esperando com um sorriso lindo, aguardando nosso momento de elevarmos a Deus a nossa prece. Eu me

> sento, com a mão sobre o seu peito e oro. Percebo-o aguardando o "Assim seja". Nessa hora, ele me dá dois beijos e vai dormir, transmitindo-me a certeza do quanto seu espírito está feliz. Foi uma conquista imensa. O sono dele tranquilizou muito, graças a Deus.

Experiências bem-sucedidas têm demonstrado que os passes e os demais recursos espirituais são valiosos aliados no tratamento de crianças e jovens com o TEA, sendo capazes de subsidiar as terapias convencionais recomendadas pelas equipes multidisciplinares.

Os centros espíritas, acolhendo aqueles que na atual encarnação se apresentam com algum tipo de deficiência ou transtorno, estão se inspirando em Jesus, que demonstrou amor e compaixão para com as pessoas marginalizadas. Nunca fez restrições. Ao contrário, toda a sua ação foi inclusiva e acolhedora.

As crianças e os jovens que adentram suas portas são, como todos nós, espíritos imortais empenhados na construção de uma trajetória rumo à perfeição relativa a que estamos destinados. Como educadores espíritas, somos permanentemente convidados a despertar, em seus corações, o amor a Deus e a Jesus. Em mensagem inspirada, Bezerra de Menezes, alerta:

> Considerando-se, naturalmente, a criança como o porvir acenando-nos agora, e o jovem como o adulto de amanhã, não podemos, sem graves comprometimentos espirituais, sonegar-lhes a educação, as luzes do Evangelho de Nosso Senhor Jesus-Cristo, fazendo brilhar em seus corações as excelências das lições do excelso Mestre com vistas à transformação das sociedades em uma nova Humanidade. (2012, p. 11)

Não ignoramos as palavras dos benfeitores espirituais a Kardec ao sustentarem ser missão dos pais aproximar de Deus a alma que lhes foi entregue como filho. Entretanto, o nosso compromisso com a ação evangelizadora nos motiva a com eles colaborar nessa tarefa.

Precisamos, sim, estar de portas abertas para a inclusão. Mas é vital que não sejam apenas as materiais. O principal acesso das pessoas com deficiência ou diferenças ocorre quando derrubamos as barreiras do preconceito, da discriminação e da indiferença. Precisamos vê-las como "um ser de possibilidades, um espírito em evolução", como ressalta Sônia Hoffmann, escritora, palestrante espírita.[52]

Como espaço que acolhe, esclarece e ilumina as almas que o procuram, o centro espírita é o local ideal para acolher as famílias que trazem seus filhos com autismo, na certeza de que haverá sempre mãos amigas a recebê-los, com muito amor.

E é sempre oportuno lembrar que, além de todos os recursos espirituais que as agremiações espíritas oferecem, há algo mais: a sua própria ambiência, rica de vibrações salutares e positivas, como tão bem nos esclarece Bezerra de Menezes, na obra *Dramas da obsessão*:

> As vibrações disseminadas pelos ambientes de um centro espírita, pelos cuidados dos seus tutelares invisíveis; os fluidos úteis, necessários aos variados quão delicados trabalhos que ali se devem processar, desde a cura de enfermos até a conversão de entidades desencarnadas sofredoras [...], são elementos essenciais, mesmo indispensáveis a certa série de exposições movidas pelos obreiros da Imortalidade a serviço da Terceira Revelação (p. 145)

Sim! A ambiência do centro espírita, quando bem equilibrada, traz um benefício incalculável para todos os que necessitam de ajuda. Em um dos nossos encontros de formação, recebemos de Claudia Moura, uma evangelizadora espírita do Canadá, um depoimento que é uma comprovação exata do poder da fé e da confiança em Deus e nos bons espíritos.

---

52. Revista eletrônica *A Senda*, abril. 2019, p. 13-14.

Gostaria de compartilhar uma experiência pessoal como evangelizadora e mãe.

O tema da aula era a virtude da fé. Estávamos fazendo uma atividade de vivência com as crianças e, como de costume, o evangelizando que tem TEA (5 anos nessa época) estava fora da roda de crianças, brincando com outras coisas e bem distraído. Eu fui ao encontro dele e tentei chamá-lo para a atividade, mas ele não aceitou. Naquele momento me bateu uma pontada de tristeza no coração, pois eu gostaria que ele aprendesse e participasse. Também cobrei como evangelizadora (mãe), sentindo-me incapaz de ali, naquele momento, não ter os recursos para ajudá-lo. Então voltei para a roda, e continuei a tarefa com o restante das crianças. Logo depois, antes da prece final eu senti a presença de um mentor espiritual me abraçando e, mentalmente, me dizendo que eu precisava ter mais fé e orar por aquele menino, em especial. Muito emocionada, tive a certeza, mais uma vez, de que a espiritualidade nunca nos abandona.

Depois dessa experiência, eu realmente comecei a enxergar a "não participação" do meu evangelizando autista por uma ótica diferente. Passei a ler mais e a usar alguns dos recursos que seus terapeutas utilizavam para as minhas aulas da evangelização. Hoje, ele tem 7 anos e participa bem mais (dentro das suas limitações). Posso dizer que as aulas com planejamento inclusivo mudaram minha experiência de evangelizadora, não apenas para ele, mas para todos. Aprendi a olhar para cada criança e observar a necessidade de cada uma. Com mais aprendizado, recorrendo a materiais especializados em TEA, os outros evangelizadores abraçaram a causa da inclusão! Porém, nada, absolutamente nada se compara à ajuda espiritual que a criança recebe na evangelização e dentro da casa espírita. Ali sentimos de perto o poder da fé e conseguimos compreender que todas as pessoas são espíritos imortais.

EVANGELIZAÇÃO, COMPROMISSO COM A ESPIRITUALIZAÇÃO DO SER

Mateus tem nove anos. No vídeo que recebo, vejo-o cantando uma música feita especialmente para ele, cuja letra compara a criança com autismo a uma borboleta, mostrando que ambas podem voar. O refrão, repetido diversas vezes, encerra um apelo: "Não me exclua, pois não quero ser uma pupa. Incluindo, sei que irei voar".[53]

Lembro-me bem do dia em que o conheci. As crianças da evangelização da casa espírita se apresentavam em um evento festivo. Com atenção, vou acompanhando as músicas, os pequenos esquetes, quando, em um dado momento, minha atenção se volta para um menino em especial. Era Mateus. Junto a outros dois colegas, representava uma cena do cotidiano de um lar ao redor de uma mesa.

Embora bem-comportado, trazia em suas mãos um dinossauro de brinquedo, manipulando-o sem cessar, parecendo um tanto alheio. De repente, percebo ao meu lado um casal aproximando-se.

53. YouTube, canal de Mário Borges, com o título "Panapaná".

A mulher me abraça e me diz: "Aquele ali é nosso filho. Ele tem autismo. Tem seis anos". O esquete continua.

Dali em diante, passei a observar o garoto. Mesmo sem falar, representou corretamente toda a cena com os colegas. A não ser pelo detalhe das mãos ligeiramente agitadas, nada indicava haver ali uma criança com um transtorno. Ao final, voltou à cena para os aplausos de mãos dadas com as outras crianças e agradeceu com um inclinar de cabeça. O mais espantoso aconteceu no encerramento do evento. Um grupo de meninos maiores subiu ao palco e pediu que todos cantássemos uma conhecida canção. Nessa hora, notei que ele, sentado ao meu lado, também cantava. Fascinada com o que via, puxei-o para mim. Sentado no meu colo, cantamos juntos. Quase chorei quando o vi repetir com suas mãos, os gestos que eu fazia com as minhas. Mesmo sem sorrir, ele me fixava, atentamente, fato que eu sabia ser um tanto incomum entre pessoas com o autismo. Ainda trago a lembrança daqueles momentos em que pude sentir a harmonia e a paz reinar no ambiente, fruto da presença amorosa da espiritualidade.

A música e a evangelização espírita, desde então, têm sido os elos que me unem a Mateus e sua mãe, Ana Paula.

Essa nossa experiência, tão rica de emoção e ensinamentos, nos aponta a importância de se cuidar da espiritualização das crianças e jovens com autismo.

Evangelização é luz nas almas

A benfeitora Anália Franco – educadora consagrada no século passado – em mensagem transmitida, por vias mediúnicas, nos conclama a valorizar a evangelização espírita de crianças e jovens, ao afirmar que "Evangelização é luz que se acende na escuridão da ignorância"; e que "evangelizar é trazer a Boa Nova de Jesus aos corações ainda envoltos em sombra."[54] São duas imagens fortes, que nos remetem às nossas dificuldades, mas que apontam caminhos banhados de claridade. (Ver Anexo 4).

Reiteramos nossa convicção de que o nosso evangelizando, não importa em que situação se nos apresente, é um espírito imortal, trazendo uma bagagem de experiências pretéritas, que conta com o apoio da família e o nosso – evangelizadores espíritas – para ajudá-lo a progredir nessa nova caminhada rumo à ascensão espiritual.

A Área de Infância e Juventude, da Federação Espírita Brasileira, por meio de documento norteador, ressalta que:

> A ação evangelizadora junto às crianças nos convida a significativas reflexões pedagógicas com vistas à sua efetividade. Nesse contexto, a concepção de criança como espírito imortal, herdeira de si mesma e agente de transformação social amplia, sobremaneira, as formas de condução e mediação dos estudos e das demais atividades desenvolvidas na Evangelização Espírita, incentivando-a à participação ativa, à reflexão e à ação. [55]

Muitas são as tarefas concernentes ao exercício de evangelizar crianças e jovens. Dentre elas, duas se destacam: a de contribuir para que se tornem pessoas generosas, altruístas, comprometidas com os ensinamentos do Cristo, e a de oferecer, a cada um, apoio no cumprimento do seu planejamento reencarnatório.

Um olhar mais abrangente nos permitirá constatar que todos nós portamos marcas das nossas dificuldades acumuladas ao longo das reencarnações. Em alguns, elas se mostram de maneira

---

54. Mensagem psicografada por Hélio R. Loureiro, na Casa de Batuíra, em 28/06/2014.

55. *Orientação para a ação evangelizadora espírita da infância. Diretrizes e subsídios*, p. 46.

mais ostensiva. Em outros, não. É com essa consciência de que todos trazemos sombras na alma necessitando das claridades do Evangelho, e do conhecimento libertador do espiritismo, que assumimos nosso compromisso de nos evangelizarmos, em primeiro lugar, para podermos ser os condutores da evangelização da criança e do jovem que chega até nós. "Evangelizai a vós próprios, em primeiro lugar" – recomenda-nos, ainda, aquela benfeitora na mesma mensagem – "para, através de sua experiência do encontro com Jesus, vivenciar e falar com autoridade daquele que conhece os meios e os modos da pedagogia de Jesus aos seus ouvintes."

O que priorizar no planejamento

De um modo geral, recomendamos que no planejamento do trabalho tenhamos em vista os interesses dos evangelizandos, suas necessidades espirituais, o contexto em que vivem, seu *background* familiar, sua bagagem de experiência, suas dificuldades e possíveis limitações. E na sua execução, enfatizamos a importância do afeto e da amorosidade que deve reinar entre todos os envolvidos, em um clima de alegria e solidariedade.

Essas linhas norteadoras nos levam, inevitavelmente, para a adoção da flexibilidade na execução do planejamento. No caso particular de haver evangelizando com o TEA não poderia ser diferente quando se assume a perspectiva inclusiva na evangelização.

Precisamos ter sempre em mente que o autismo se apresenta dentro de um amplo espectro. Significa dizer que embora possa haver traços comuns a muitos, cada individualidade é única. Todas as manifestações são diferentes umas das outras. Mas um ponto os autistas têm em comum: são espíritos imortais, filhos de Deus, destinados à perfeição relativa. Como todos que vêm às nossas mãos de educadores espíritas, merecem ser amados e compreendidos.

Em ambientes fora do lar, no contato com companheiros de escola, de esportes ou do grupo espírita, eles apresentam, por vezes, grandes dificuldades de comportamento e socialização e podem parecer estranhos ou excêntricos aos seus colegas. Isso se dá, particularmente com os que são diagnosticados como tendo grau 1. Na vida escolar podem ter bons desempenhos, mas no trato com seus pares podem ser julgados como ingênuos, inoportunos, rígidos em sua forma de pensar, o que, infelizmente, os faz vítimas de zombarias, quando não de *bullying*.

Uma forma de evitar tanto constrangimento é, para muitos, fechar-se cada vez mais no seu próprio mundo. Inúmeros relatos de autistas, porém, dão-nos conta de que gostariam de ter amigos, de saber interagir melhor, de pertencer a grupos como os demais colegas... Só não sabem como fazê-lo.

Assim sendo, o espaço da ação evangelizadora deveria canalizar todos os esforços no sentido de ajudar os que se encontram no espectro autista a superar tais dificuldades, concretizando o desejo de serem acolhidos, estimados e compreendidos por todos.

William Tziavaras, tem uma fala na qual demonstra muito bem tais sentimentos.

> Meu nome é William Tziavaras. Tenho doze anos e frequento a escola em período integral. Consegui acessar a aula regular com recursos de acessibilidade para minhas deficiências. No caso, aprendi a me comunicar fluentemente por meio de vários dispositivos, incluindo o quadro de letras de baixa tecnologia. Antes disso, passei meus dias em salas de aula de apoio intensivo separadas dos demais. Durante esse tempo, acreditava-se que eu tivesse deficiência intelectual. Esta é uma crença comum na sociedade, que julga aquele que não fala como sendo uma pessoa incapaz.

Adicione a isso uma deficiência de planejamento motor e problemas de processamento sensorial, tão comuns nos autistas, e seria impossível, para a maioria das pessoas, imaginar que tivéssemos quaisquer pensamentos sob as imperfeições visíveis. Tive e tenho a sorte de causar uma boa impressão em profissionais que, ao longo da minha vida, me apoiaram e me ajudaram a defender minha inclusão.[56]

William, atualmente cursando o 6º ano, revela gostar de ser o único usuário autista não falante em sua sala de aula regular de crianças neurotípicas e ter a educação que sempre sonhou depois de muitos anos segregado em uma sala de aula com outras pessoas com deficiência. Ele tem se apresentado em salas de aula inclusivas, e muitas vezes é solicitado a contribuir com sua perspectiva única, como consultor, em questões como educação inclusiva e o uso de espaços públicos.

Se evangelizar é levar a mensagem consoladora do Cristo a todos, desde os infantes até os jovens, indistintamente, não há razão para não cuidarmos com maior carinho, ainda, daqueles corações que sofrem por se sentirem excluídos.

Reafirmamos que um dos nossos objetivos, como evangelizadores, é propiciar experiências e oferecer saberes para que todos os evangelizandos, sem exceção, se tornem pessoas melhores, mais compreensivas, mais tolerantes, mais abertas às necessidades do próximo, mais amorosas, enfim. Promover trocas entre os neurotípicos e os que têm autismo é uma forma de colaborar com a evolução espiritual de ambas as partes.

Nosso sonho é ver o espaço do centro espírita e, em particular o da evangelização, como um oásis de paz e aceitação das diferenças, no qual todos desejem permanecer; todos tenham prazer em estar porque sabem que ali são aceitos, compreendidos, respeitados e amados.

---

56. Comunicação feita para professores no i-ASC, Canadá, em 2020.

Na Casa de Batuíra, instituição à qual estamos ligadas, há uma adolescente com autismo, não falante, que desde criança a frequenta. Em inúmeras ocasiões, quando ainda era menor, postava-se ao lado ou na frente do palestrante, olhando-o bem de perto, dando gritinhos. Muitas vezes sentava-se ao lado do pianista e experimentava apertar uma ou outra tecla, sem que ele se importasse. Ainda hoje, ao entrar ou sair da sala de passes, fica parada alguns segundos, impedindo a entrada ou a saída das pessoas. Todos a aguardam pacientemente, pois sabem das suas singularidades. Naquele local ela se sente à vontade, pois sabe que é respeitada. Todos compreendem a sua situação e muitos são os que procuram ajudar a mãe para que possa assistir as palestras ou ter alguns momentos de descontração.

Pais que têm filhos com autismo, que procuram um centro espírita, anseiam por serem bem recebidos. É preciso que saibamos que eles podem estar vivendo momentos bem distintos. Alguns pais (às vezes somente o pai ou a mãe) apenas desconfiam de que haja algo estranho com o filho, cujo tipo de desenvolvimento foge aos padrões comuns. Outros podem estar desnorteados porque acabaram de receber o diagnóstico do TEA e não sabem o que fazer. E é possível, também, que haja pais que confiam nos diferentes benefícios que o espiritismo pode oferecer e para ali vão, esperançosos. Sem questionar seus motivos, nosso papel, sobretudo de educador espírita, é acolhê-los com atenção e carinho. Cada um traz uma história que merece ser ouvida com o coração.

Particularmente em relação ao evangelizador, é preciso reforçar que para que o seu trabalho junto aos evangelizandos com autismo seja efetivo é primordial que, desde o início, sejam criados vínculos de tal forma que eles se sintam confiantes e confortáveis na sua presença. Muito dessa conquista começa com a recepção fraterna e acolhedora aos pais, como explica Angel.

O grande desafio de não saber o que fazer

Reconheço que, no meu caso e considerando a época em que tive o Léo, o maior problema foi não saber o que fazer depois que se confirmou o seu diagnóstico de autismo. Ficava indagando-me sobre como eu poderia ajudá-lo. Cheia de dúvidas, sentia-me de mãos atadas, pois as informações sobre o TEA ainda eram bem limitadas.

Encontrei alguns livros que se restringiam a descrever o autismo, sem, contudo, apontar uma solução. Toda essa limitação, de não ter nem saber o que fazer, fez-me sentir bastante assustada, no início. É muito triste, para uma mãe, querer ajudar o seu filho e não saber como.

Somente encontrava consolo nos ensinamentos hauridos na doutrina espírita. Quando eu me desesperava, pensava: "Se Deus me deu este filho, Ele vai me dar os caminhos também. Se confiou em mim para recebê-lo, Ele não vai me decepcionar. Não! Ele irá mostrar-me o que fazer, na hora certa." E, realmente, foi isso o que aconteceu. A confiança em Deus foi maior do que o problema.

Todos os dias, eu orava muito e pedia, em lágrimas: "Senhor, me mostre o caminho. Eu não farei somente pelo meu, mas farei por todos que eu conseguir ajudar."

À luz do conhecimento espírita, uma mãe jamais se sentirá castigada. Ao contrário, ela irá perceber-se como uma pessoa abençoada. É mil vezes melhor você resgatar do que estar se endividando. Com o passar do tempo vi que o amor pelo meu filho só cresceu, sem nenhuma dúvida.

Com confiança, além dos tratamentos convencionais, passei a levá-lo para o centro espírita, nossa família o incluiu no culto do Evangelho no lar e jamais o deixei dormir sem orar ao seu lado. A fé nos tem sustentado sempre.

TODOS SÃO BEM-VINDOS:
CUIDADOS E RECURSOS

TEMPLE GRANDIN RELATA em *Uma menina estranha* que, até o ginasial, não conseguira ser acolhida nem compreendida pelos adultos a sua volta. Somente quando encontrou aquele educador que não rotulava ninguém, o professor William Carlock, que, pela primeira vez, sentiu respeito e carinho por parte de um deles.

> O senhor Carlock foi a minha salvação. Não dava atenção a rótulos nenhum. Só aos talentos que encontrava. [...] não me fazia sermões, mas demonstrava, com sua própria conduta, uma percepção social que eu invejava copiar. Com ele, estava aprendendo atitudes humanistas que o meu autismo sempre me impedira de ter (p. 88).

E, a respeito dela, o próprio mestre afirmou, na apresentação daquele livro:

> Temple demonstrou, acima de qualquer dúvida, que existe esperança para a criança autista – que o carinho

> profundo e constante, a compreensão, a aceitação, as expectativas no grau apropriado e o apoio e estímulo para o que ela tem de melhor podem fornecer uma base a partir da qual ela pode crescer e desenvolver seu potencial (p. 19).

Lidar com crianças e adolescentes com autismo é ainda um grande desafio para a maioria dos evangelizadores espíritas. Tudo é muito novo e só agora começam a surgir os primeiros cursos de formação, não somente nessa área, como também em outras envolvendo pessoas igualmente necessitadas de inclusão. Mas estamos animadas, porque sentimos que a conscientização está tomando corpo e se tornando realidade em diferentes locais.

Em turmas em que haja alguém com o TEA, é fundamental que o evangelizador procure conhecer os aspectos básicos do transtorno e, se possível, participe de algum tipo de formação oferecida por instituições espíritas.

Para facilitar sua tarefa, é bem-vinda a colaboração de uma pessoa que possa atuar como um auxiliar ou facilitador da aprendizagem, que ajude o evangelizando a superar suas dificuldades a fim de que consiga participar, com proveito, das atividades propostas, favorecendo a sua inclusão na turma. Conhecendo a nossa realidade, sabemos que essa figura talvez seja difícil de ser encontrada. Mas temos certeza de que iremos avançar com o tempo.

Assim sendo, as explicações, sugestões e comentários que apresentaremos tanto valem para o evangelizador que atua sozinho, como àquele que tenha um colaborador. Sempre que for pertinente, explicitaremos tarefas específicas que, quando possível, podem ser da responsabilidade do auxiliar. Esse poderá ser um outro evangelizador, um evangelizando de um ciclo mais adiantado, ou mesmo alguém do centro espírita que queira colaborar. Considerando a especificidade do trabalho, seria ótimo se esse auxiliar também pudesse adquirir conhecimentos sobre o autismo e suas manifestações, para poder melhor desempenhar o seu papel.

Às vezes é difícil encontrar esse adulto ou jovem colaborador. Nesses casos, é possível pedir a colaboração de um parceiro da própria criança com o TEA, um colega de turma, sabendo-se que seu papel é diferente do que pessoas mais velhas e responsáveis fariam.

A importância de se ouvir os pais[57]

Antes de qualquer medida, é imprescindível ouvir os pais – parceiros incomparáveis no processo de inclusão. Todas as adaptações, estratégias, cuidados serão feitos a partir das informações fornecidas por eles, porque são as pessoas que melhor conhecem a criança ou o jovem a ser evangelizado. São eles que irão dizer, por exemplo, se o filho ou filha vai precisar de um abafador de som, no caso de hipersensibilidade a barulho; de pranchas ou álbuns de comunicação, se não usa a fala funcional; se tem o hábito de manipular algum brinquedinho sensorial para se acalmar, manter um foco ou, até mesmo, buscar um conforto emocional. Eles conhecem suas necessidades e sabem o que funciona na sala de aula regular ou em outras atividades das quais participam. Conhecem, principalmente, quais são os gatilhos que provocam reações indesejáveis. Por vezes, são situações que os neurotípicos sequer imaginam – como alguém abrir a porta da sala onde a turma está; o apagar ou acender uma lâmpada; um ruído forte; o movimento repentino de um colega que sai correndo pela sala – que causam respostas para nós desproporcionais em relação às causas, como tapar os ouvidos, ficar assustado, chorar, gritar, fugir do ambiente, produzir *stims*, ou algo semelhante. Conhecemos relatos de crianças que se recusam a participar da evangelização se alguém estiver sentado no lugar onde ele está acostumado a ficar.

---

57. Apesar de nos referirmos aos pais, a experiência mostra-nos que a grande maioria de crianças e jovens com o autismo tem na mãe o principal apoio. É ela a sua principal referência.

Também são os pais que poderão dizer quais são as conquistas já alcançadas por seu filho ou sua filha, qual o seu nível de independência, qual é o foco do seu interesse, como é a sua atenção. E mais: quais as suas habilidades, seus pontos fortes e potenciais que poderão ser explorados durante os encontros.

Igualmente relevante é consultá-los sobre dieta alimentar e uso de medicamentos, mormente, para os casos de dor. Há crianças e jovens que já conhecem suas próprias necessidades e são capazes de expressar-se a respeito. Alguns dirão, quando sentem dor, se precisam de uma pausa; sair da sala, correr um pouco ou fazer algo que os acalme, como os *flapping* ou outra estereotipia. Há outros que simplesmente fogem. Todas essas são informações que precisam ser coletadas pelos evangelizadores junto aos pais.

Importa salientar que é natural que a pessoa com autismo demonstre grande irritação quando algo a incomoda muito, mas ela não consegue obter ajuda por não saber expressar o que está sentindo. Crianças, às vezes, entram em crise, autoagridem-se; pessoas mais velhas gritam, choram alto, ou apresentam outros comportamentos descontrolados nessa hora. E os motivos podem ser os mais variáveis: uma dor, uma etiqueta de roupa espetando a pele, forte sensação de calor ou de frio, vontade de fazer xixi, entre outros. O educador espírita, conhecendo suas peculiaridades, saberá atendê-las, tentando descobrir do que se trata, buscando meios de tirá-las dessa situação aflitiva, sempre com uma boa dose de paciência e muito afeto.

Essas e outras informações que o evangelizador considera importantes obter para favorecer a inclusão do evangelizando com autismo devem constar de uma ficha que poderá ser atualizada sempre que preciso.

É bom ressaltarmos que, nessa conversa, quaisquer outras questões que não visem a uma melhor adequação do trabalho da evangelização devem ser evitadas. Pais de pessoas com autismo já têm de administrar uma série de situações tão sérias e delicadas no dia a dia e, por isso, devem ser poupados de perguntas e comentários que não tenham uma finalidade nobre. Tudo de que eles precisam é encontrar no centro espírita e, mais especificamente, na evangelização, um ambiente acolhedor, pleno de alegria e de paz, que os convide ao retorno permanente com seus filhos.

Há, ainda, um ponto capital que merece destaque: acolher os pais, mostrar empatia e oferecer ajuda, procurando saber as suas necessidades, é uma forma de mostrar que temos real interesse por eles e que a família é muito bem-vinda. Enfrentando uma rotina diária frequentemente estafante, há mães e pais que ficam extremamente gratos quando companheiros de boa vontade se oferecem para ocupar-se com seu filho ou sua filha, para que ele possa assistir a uma palestra, conversar com amigos, fazer uma visita à livraria ou biblioteca. Esse mesmo sentimento aflora nos momentos em que sabem que seu filho está sendo bem atendido na sala da evangelização. "É uma bênção!", dizem.

No ambiente da evangelização

A sala onde acontecem os encontros da evangelização merece atenção especial. Ambiente bem claro, limpo, organizado, harmônico. Em tratando-se de evangelizando com hipersensibilidade a estímulos, é recomendável que se restrinjam ao mínimo possível as informações visuais, deixando, apenas, um quadro de rotinas. Excessos são distrações que costumam atrapalhar o foco da atenção.

Relembramos, de acordo com o que apresentamos no capítulo sobre comunicação, que esse quadro de rotinas tem a função de dar previsibilidade às ações que irão ocorrer durante o tempo em que os evangelizandos estiverem no centro espírita. As fotografias ou imagens, com as respectivas palavras do que significam, sequenciam as atividades do dia a dia, desde a chegada até a saída. Esse quadro deve ficar permanentemente exposto na sala, à vista de todos. Até que haja independência – às vezes não se consegue atingi-la –, o evangelizador ou o auxiliar (se houver) irá sempre apontar o que já foi cumprido e chamar a atenção de todos para o que virá em seguida (pode até retirar ou assinalar com um sinal qualquer que indique que aquele momento já acabou). Isso também vale para atividades que envolvem deslocamento. É preciso que o evangelizando seja calmamente preparado para evitar qualquer estresse. Considerando que há casos em que a pessoa com o transtorno autista é excessivamente presa a rotinas, uma simples mudança no ambiente da sala pode causar estranhamento, acarretando a reação de não querer entrar.

O zelo na recepção do evangelizando com o TEA

Início das atividades da Área de Infância e Juventude no grupo espírita. Semanas antes, os evangelizadores já haviam começado os preparativos e esperavam, com um misto de ansiedade e alegria, o dia de começar. Abrem-se as portas e, pouco a pouco, vão chegando as crianças, acompanhadas de seus responsáveis. A maioria se conhece e o reencontro é motivo de contentamento.

Na semana seguinte, a cena se repete. Em meio a tantos rostinhos alegres, o menino Carlinhos, de quatro anos, chega de mãos dadas com a mãe, parecendo assustado. É o seu primeiro dia. Reluta em entrar. Nada há na sua aparência que possa denotar algo que o difira dos demais. Uma evangelizadora, percebendo o que se passava, caminha rápido na sua direção e, de uma forma carinhosa, abaixa-se, chamando-o pelo nome. Sem tocá-lo, mostra interesse pelo carrinho que ele carrega e, aos poucos, com a ajuda da mãe, consegue fazê-lo entrar. Caminham pelas dependências principais do centro espírita e ela vai nomeando cada cômodo. Faz-lhe ver que já estivera ali antes, em um dia em que nenhuma atividade estava ocorrendo. Essa evangelizadora, ao tomar conhecimento de que receberia uma criança com autismo e sabendo que eles reagem melhor quando são avisados sobre mudanças nas suas rotinas, já havia feito a primeira tentativa de familiarizá-lo com as dependências do centro e, em especial, com a sua sala. Também tomara a iniciativa de pedir à mãe para levá-lo na segunda semana, porque queria preparar a turma para recebê-lo.

Preparação da turma

Temos tido muitas oportunidades de ouvir relatos de educadores espíritas que têm experiência com a inclusão de crianças ou adolescentes com autismo na evangelização. Fica patente, nessas falas, o fato de ser todo o contexto envolvendo a ação evangelizadora um excelente recurso para promover a socialização e a interação entre os pares, com consequente desenvolvimento de habilidades sociais. Mas alertam-nos para uma medida indispensável: preparar cuidadosamente a turma para entender o comportamento de quem tem autismo, esclarecendo pontos importantes, tirando dúvidas e, sobretudo, ajudando a todos para que tenham um olhar amistoso e acolhedor para com o colega que pode ter alguma diferença no seu jeito de agir e na sua maneira de ser. Todos precisam compreender que o engajamento da pessoa com autismo é mais lento e que, por vezes, ele pode entrar em crise, necessitando sair do ambiente para reorganizar-se. Isso pode acontecer até mesmo antes do estado crítico manifestar-se, explicando que ele poderá sair da sala e ir para um recanto tranquilo e depois voltar. Ou não.

Vale a pena fazer, enfim, uma aula sobre a inclusão, abordando as diferenças em geral e como devemos nos postar perante elas: de forma igual, humana e cristã. Afinal, somos todos diferentes em alguns aspectos, mas o sentimento de fraternidade e a compreensão de que somos todos espíritos imortais nos igualam verdadeiramente. Como um dos objetivos da evangelização espírita infantojuvenil é ajudar o evangelizando a se tornar um homem de bem, justo, generoso, compreensivo, temos certeza de que essa tarefa de entendimento e acolhimento de todos é facilitada quando se priorizam as mensagens de amor ao próximo contidas no Evangelho do mestre Jesus.

É nosso papel de educador espírita oferecer todos os meios para que pessoas com autismo saiam do seu insulamento, desenvolvam a sociabilidade, integrando-se como verdadeiros participantes de grupos existentes na instituição que frequentam. Essa atitude encontra respaldo em Kardec, em *O Livro dos Espíritos*, quando ele acrescenta o seguinte comentário à questão 768: "Homem nenhum possui faculdades completas. Mediante a união social é que elas umas às outras se completam, para lhe assegurarem o bem-estar e o progresso".

Cuidados especiais

• **Adaptação, se necessário**

Cada pessoa com autismo tem sua maneira própria de comunicar-se. O evangelizador atencioso saberá identificá-la, passando, então, a priorizá-la no decorrer das atividades pedagógicas. Se o evangelizando demonstrar, por exemplo, habilidade para desenhar ou pintar, o desenho e a pintura passarão a fazer parte da sua programação de atividades. Com criatividade e boa vontade, o evangelizador saberá adaptar a esses meios de expressão a atividade programada para o conjunto da turma. Há certo consenso entre pessoas que trabalham com arteterapia de que a arte oferece ao autista uma maneira de ajudá-lo a desenvolver sua imaginação e compreensão do mundo ao seu redor, além de oferecer uma forma alternativa de construir ou aprimorar suas habilidades de comunicação.[58]

Há muitas habilidades que são perfeitamente passíveis de serem aproveitadas com os temas desenvolvidos na evangelização, em especial com o Evangelho de Jesus. Vale a pena testar os talentos dos evangelizandos na feitura de origami, na criação de histórias, na composição musical, em atividades manuais, como construções tridimensionais, no desenho e na pintura, no trato com tecnologias digitais, entre outras.

O mesmo vale para os focos de interesse. Com sabedoria e inventividade, o evangelizador conseguirá explorá-los em prol da inclusão e da valorização do seu evangelizando com autismo.

• **Transição de uma atividade para outra**

A questão da transição merece um cuidado especial quando se tem evangelizandos com autismo.

Vejamos um exemplo: a turma acabou uma atividade e agora iniciará outra na qual haverá mudança de lugar. Para os neurotípicos, a mudança é quase imediata, bastando para isso dar o comando: – Agora vamos todos fazer uma roda, aqui no chão, ao redor dessas cartolinas, porque vamos pintá-las, todos juntos, para fazer um painel bem bonito.

Com a criança no espectro há que se ter o cuidado de prepará-la para a transição, explicando detalhadamente tudo o que será feito, antes mesmo de qualquer deslocamento. – Olha, fulano, agora todo mundo vai se levantar, andar para aquele espaço e nós vamos nos sentar ali para pintar aqueles papéis. Você também. Vamos?

---

58. *Benefits of art therapy for children with autism (Benefícios da arte terapia para crianças com autismo).*

Nessa hora, é importante que se mostre, no quadro de rotinas, momento da aula que representa a próxima atividade, deixando bem explícita qual foi a que acabou de terminar. Isso é fundamental para que ela entenda que se está dando cumprimento a cada uma daquelas atividades previstas. Isso diminui a ansiedade e prepara melhor para a transição. Funciona, normalmente, muito bem.

• **Bem pertinho**

Outro ponto muito importante é trazer a pessoa com autismo para perto do evangelizador (ou do auxiliar, se houver), porque, assim, ele poderá auxiliá-la a engajar-se melhor nas atividades, direcionando sua atenção, conferindo se ela está conseguindo acompanhar a atividade pedagógica em execução e, principalmente, observar suas reações. Ao menor sinal de que algo não vai bem, estando perto, poderá intervir, ajudando-a no que for possível, com afeto. Pode, por exemplo, entregar-lhe um brinquedinho para manipular ou distraí-la, pedindo sua colaboração em alguma coisa. Mas caso a crise advenha e ela se desorganize, a recomendação é não a conter, nem pedir para que pare. O melhor é ver o que a pessoa deseja fazer. Por vezes, a solução é fazer os *stims* que a acalmam, uma escapada do ambiente, ou ficar um pouco no Cantinho da Paz, caso haja.

Mas precisamos sempre nos lembrar de que não há receitas prontas. Cabe ao evangelizador aceitar as limitações e tentar compreender até onde pode caminhar com a criança ou com o jovem autista, sem provocar crises. Com a experiência adquirida no trabalho como educador de estudantes com autismo, Eugênio Cunha registra:

> É normal o autista sentir-se desconfortável e intimidado em um ambiente novo. É normal buscar apoio nas coisas ou nos movimentos que o atrai. É normal a birra quando alguém o contraria. É normal o medo e a raiva ganhar proporções traumáticas. O professor tem de aprender a lidar com a

realidade do mundo autístico. Nessa relação, quem aprende primeiro é o professor e quem vai ensinar o aluno.[59]

Outra vantagem de manter a pessoa mais próxima do evangelizador é a sensação de segurança que lhe transmite e a percepção de que é querida.

• **"Eu sou assim"**
Conhecemos uma medida tomada por uma evangelizadora que nos pareceu muito interessante para fazer circular informações sobre o evangelizando com autismo. Trata-se do "Eu sou assim", um simples caderno montado por ela própria com folhas de papel ofício dobradas. Na capa, há uma fotografia do evangelizando, com o seu nome. E dentro, escrita de uma forma bem simples (o dela é feito à mão), uma série de informações a respeito de quem ele é, do que gosta, do que precisa, que estratégias funcionam bem com ele e quais não funcionam, entre outras. O objetivo é permitir que qualquer pessoa que tenha que assumir a turma, ou mesmo outras pessoas que possam com ele interagir em momentos e espaços diferentes, tenham acesso às informações mais importantes a seu respeito.

• **Cantinho da paz**
Sabemos que há grande variação no espaço físico dos nossos centros espíritas. Muitos são amplos, com várias salas. Outros são pequenos e mal conseguem acomodar todas as turmas da evangelização. Assim sendo, considerando as possibilidades reais de cada instituição, sugerimos que, em sendo viável, se destine algum lugarzinho mais tranquilo e aconchegante que possa funcionar como um refúgio para os momentos em que evangelizandos com autismo necessitem se reorganizar, dar uma pausa, afastar-se

---

59. *Práticas pedagógicas para inclusão e diversidade*, p. 90.

•

do burburinho e acalmar-se. A equipe da Área da Infância e Juventude saberá organizá-lo com os recursos disponíveis, tornando-os agradáveis, sem excesso de estímulos.

Visitamos uma instituição na qual nesse recanto, pintado em tom de azul bem claro, havia um pequeno tapete macio, umas almofadas, uma música suave e uma piscininha redonda (com cerca de meio metro de diâmetro), inflável, cheia de bolinhas de plástico, como se fosse uma miniatura daquelas piscinas tão comuns em casas de festa. Em um canto havia uma caixa contendo folhas usadas de papel para a criança picar, caso o desejasse. A coordenadora que me levou até lá garantiu que o ambiente tinha, realmente, o poder de acalmar a pessoa com autismo nos seus momentos mais delicados e, até mesmo, outras crianças neurotípicas, que também sentiam prazer em ali estar. O conhecimento espírita que temos nos assegura que ambientes assim costumam ter uma boa vibração espiritual, que pode, inclusive, ser captada no nosso plano, traduzida por sentimentos de amor, paz e bem-estar.

Como forma de ajudar na evangelização de todos, é interessante que, quando um evangelizando com autismo precise sair da sala (desde que já não esteja em plena crise), tenha a companhia de um colega que possa levá-lo até lá e, caso haja clima – e o outro queira –, permanecer ao seu lado por um tempo, trazendo-o de volta para a sala assim que o amigo estiver sereno.

A busca por mais informações sobre o evangelizando

No início, depois de ter ouvido os pais, o evangelizador que está recebendo pela primeira vez uma determinada criança ou jovem com TEA, é recomendável que procure, se possível, entrar em contato com o seu professor (caso esteja na escola) ou psicopedagogo (caso seja atendido por um). Eles têm condição de fornecer informações sobre preferências, tempo de concentração, formas de apreensão do conhecimento típicos daquela pessoa. O bom educador sabe que cada um tem características próprias e que essas, quando respeitadas, produzem bons frutos.

Níveis diferentes de autismo, presença ou não de comorbidade, de terapias, de estrutura de apoio familiar são fatores determinantes na escolha de recursos pedagógicos. Lembremo-nos: o que funciona com um pode não funcionar com outro. E mais: sucesso obtido em um determinado dia com uma dada atividade não garante sua nova ocorrência.

Evangelizadores que estão, há algum tempo, tentando descobrir as melhores formas de trabalhar com seus meninos e jovens com autismo têm-nos oferecido boas pistas. Com eles aprendemos que reunir dois ou três jovens com traços muito distintos entre si em uma sala à parte pode não oferecer resultado positivo. Ao contrário, a regressão é até capaz de ocorrer.

Igualmente desfavorável é alocá-los em turma comum de evangelizandos neurotípicos e deixá-los à parte, segregados dentro da sala. Talvez por falta de formação, há evangelizadores que ainda não perceberam a importância da inclusão e da amorosidade para um melhor aproveitamento dos evangelizandos autistas.[60]

Aproveitamos o ensejo para lembrar que agrupar pessoas com deficiência ou transtorno em um local à parte na mesma instituição ou deixá-los no grupo de neurotípicos, sem nenhuma assistência, corresponde ao formato denominado integração. Nós preconizamos a inclusão, modelo que reconhece a diversidade, valorizando-a, e prioriza tanto a criação, quanto a adaptação de atividades, de forma que todos delas possam participar em conjunto.

---

60. Informações prestadas por Enéa J. de Lima Kundlatsch, do C.E. Allan Kardec, de Mafra/SC.

Aprendemos, igualmente, que uma boa medida é entregar aos pais o material que foi trabalhado na evangelização, para que, em casa, eles possam explorá-lo, favorecendo a fixação da aprendizagem. Uma boa ideia é dividi-los em pequenos blocos e recordá-los em curtos espaços de tempo, sempre aplaudindo os acertos.

É extremamente importante o envolvimento dos pais que têm crianças na evangelização; que acompanhem, incentivem, perguntem, ampliem o que está sendo trabalhado nos encontros. Essa é uma medida que vale para todos.

Outra providência que funciona bem é adiantar para os pais o que está planejado para o próximo encontro, para que possam preparar a criança para o que virá, proporcionando-lhe um pouco mais de previsibilidade.[61]

Eis algumas dicas trazidas por Cunha[62], que podem ser utilizadas nos encontros da evangelização:

- Penetrar no mundo do autista.
- Concentrar no contato visual.
- Trazer sempre o olhar do autista para as atividades que ele está fazendo.
- Entreter-se com as brincadeiras do autista.
- Procurar sempre enriquecer a comunicação.
- Mostrar a cada palavra uma ação e a cada ação uma palavra.
- Tornar hábitos cotidianos agradáveis.
- Fazer tudo com serenidade com voz clara e firme.

A aprendizagem tem que levar o autista a ter sucesso nas atividades propostas, para que ele não se desorganize, se frustre, associando-as a sentimentos desagradáveis.

---

61. *Autismo: compreender para aprender.* Oficina com Sheila Porfírio, evangelizadora, mãe de criança com autismo.
62. *Autismo e inclusão,* p.85.

Aproveitar o interesse especial na aprendizagem

Mara, 6 anos, tem dificuldade na fala como forma de expressão, embora consiga dizer uma ou outra palavra como: deixa, cabô (acabou), bonita, ócus (óculos). Cantarola quando está contente. No mais, enquanto faz uma atividade manual, como nas sessões com sua psicopedagoga, repete o mesmo som o tempo todo (algo como achi-achi-achi). Seu foco de interesse é a Peppa Pig, uma porquinha que faz muito sucesso entre as crianças pequenas. Originária de um desenho animado, virou brinquedo de tamanhos e materiais os mais variados. Mara tem uma Peppa grande, de borracha macia, da qual não se afasta.

Esse caso nos permite extrair diversas sugestões para a evangelização, supondo que a criança, assim como Mara, também goste da Peppa (ou de outro personagem que tenha família). Conhecendo as informações sobre o seu hiperfoco, o evangelizador poderá utilizar a personagem como mediadora das aprendizagens. Para isso, a primeira medida seria ter, na sala da evangelização, toda a família da Peppa: o pai, a mãe e o irmãozinho George (se não puder ser de brinquedo, vale fotos recortadas e coladas em papel cartão).

Temos certeza de que a própria visão da família da porquinha daria ensejo à criação de inúmeras atividades destinadas à criança, em paralelo ao que o grupo maior, da turma, estaria fazendo. Muitos seriam os temas passíveis de serem trabalhados com os bonecos: família, união familiar, colaboração em casa, cuidados com irmãos mais novos, até mesmo oração em família e culto do Evangelho no lar. Dando margem à imaginação, a personagem e seus irmãozinhos poderiam estar em diferentes locais, praticando boas ações, por exemplo. Conforme se observa, com imaginação, o evangelizador não terá limites para aproveitar o hiperfoco da criança, trazendo-a para perto dos seus colegas, que desenvolverão os mesmos temas que ela.

Amigo e parceiro

Marquinhos está na evangelização desde o maternal. Agora está com oito anos. Todos que o conhecem se encantam com o seu jeito amoroso de ser. No início do ano, a evangelizadora avisou à turma que chegaria um coleguinha com autismo, o Miguel. Com cuidado, preparou-a para recebê-lo, dando os esclarecimentos necessários. Enfatizou a necessidade de que ele fosse incluído em todas as atividades ali desenvolvidas. No primeiro dia em que Miguel chegou, Marquinhos dele se acercou com grande simpatia. Percebendo que o menino tinha algumas dificuldades para entender certos comandos, foi o primeiro a oferecer-se para ajudá-lo. Desse dia em diante, transformou-se em um verdadeiro "anjo da guarda" do novo amigo. Está sempre ao seu lado, detalhando atividades, acompanhando-o nos deslocamentos, explicando ordens e em uma infinidade de outros cuidados.

Dependendo do nível do autismo, é viável ter um colega ou um grupinho de colegas, em rodízio, que possa acompanhar o evangelizando autista. O valor dessa prática vem sendo comprovado por inúmeros estudos que apontam sua eficácia na inclusão da criança em ambientes escolares formais.[63] Dessa forma, consideramos pertinentes trazer essa contribuição para o ambiente da ação evangelizadora.

---

63. Ramos, Fabiane e outros. *Intervenção mediada por pares: implicações para a pesquisa e as práticas pedagógicas de professores com alunos com autismo.*

O evangelizador saberá reconhecer, na sua turma, aquela criança ou jovem que goste de colaborar com os colegas, seja prestativo, amoroso, calmo e paciente. Por vezes, há, inclusive, mais de um com esse perfil. Uma vez identificado, pode propor a ele (ou a outros dois colegas) que atue como um auxiliar do evangelizando autista. Caso aceite, o evangelizador o orientará sobre as formas de ajudar o colega. Ele ouvirá, por exemplo, ser esperado que ele traduza para o colega, com palavras simples, o que está sendo proposto ou ensinado; que o traga para junto dos demais nos trabalhos em grupo; que modele certos comportamentos exigidos nas atividades desenvolvidas, mostrando, na prática como fazê-lo; oferecendo-se como modelo para imitação e aprendizagem, entre outros. E tudo isso ele o fará na condição de amigo e não de instrutor.

Todos os dias, antes de começar a evangelização, o evangelizador conversará com o amigo auxiliar, para saber como está se sentindo, que dificuldades vem enfrentando e qual a reação do colega com o qual coopera. Essa fala tem, ainda, o objetivo de prepará-lo para as atividades do dia e corrigir possíveis dificuldades que tenham surgido anteriormente. É fundamental que nessa hora haja a preocupação de agradecer e elogiar a atitude solidária do auxiliar como forma de encorajamento e valorização.

Juan Danilo Rodriguez, em palestra sobre a evangelização espírita juvenil[64], narrou uma experiência na qual três ou quatro adolescentes de 12 a 15 anos atuaram como auxiliares de crianças com autismo. Todos foram instruídos para lhes prestarem ajuda na comunicação e interação com os demais colegas. Segundo afirma, os resultados foram excelentes, com a construção de visíveis vínculos de amorosidade entre esses adolescentes e as crianças com o TEA.

Analisando essa parceria do ponto de vista do desenvolvimento emocional, não temos dúvidas em afirmar que ambos os

---

64. Vídeo postado pela British Union of Spiritist Societies em 12/05/2020.

envolvidos saem ganhando, porque, se um recebe a ajuda e se sente mais integrado à turma, o outro muda suas atitudes em relação a pessoas com algum tipo de transtorno ou deficiência.

> A utilização de pares como forma de intervenção na sala de aula mostra resultados positivos não somente para o aluno com autismo, mas também para seus colegas. [...] Há evidências de que os colegas que participaram das intervenções também aumentaram seu conhecimento sobre autismo e incrementaram atitudes positivas para com colegas com deficiência.[65]

O maior ganho, porém, é no campo da evolução espiritual daquele que se predispõe a ajudar. Segundo aprendemos com Allan Kardec, "Fora da caridade não há salvação".[66] Por isso, defendemos a ideia de que, sempre que possível, se lance mão desse recurso de colaboração entre pares.

Mas não são somente os colegas que podem colaborar. Da evangelizadora Mirella Campos colhemos a seguinte sugestão, baseada em sua prática:

> Em minha opinião, o evangelizador não precisa se intimidar em pedir ajuda dos pais ou do cuidador para acompanhar o filho durante o encontro, caso a manifestação do seu autismo exija muito suporte. Essa medida é necessária para não comprometer o andamento de toda aula. Temos que ser amorosos, acolhedores e flexíveis, mas, ainda assim, realistas.[67]

Em uma roda de conversa sobre a evangelização de pessoas com autismo, reunindo Carlos Campetti e Monalisa C. Z.

---

65. Ramos, Fabiane e outros. Obra citada, p. 5.
66. *O Evangelho segundo o Espiritismo*, cap. XV, 5.
67. Depoimento colhido em nossa visita ao centro espírita em que ela atua.

Kiekebusch,[68] ambos os pais de autistas, hoje adultos, ouvimos dessa mãe o seguinte depoimento: seu filho era sistematicamente excluído em espaços públicos, como na escola, no *playground* do prédio, no parquinho. As únicas amizades verdadeiras que ele conheceu quando era mais jovem, foram entre colegas da evangelização. Ali ele encontrou pessoas que o acolheram tal como ele é.

E Campetti, um dedicado lidador espírita, considerando a amplitude do espectro, admite que há adultos autistas que poderão até mesmo ser evangelizadores de crianças também autistas, por conhecerem, em alguns aspectos "os dramas que os outros vivem, talvez de uma maneira mais profunda." E sugere: "[...] não vejamos a limitação como algo impeditivo, mas como desafio."

Queremos finalizar este capítulo com uma lista de recomendações elaborada por William Tziavaras e que ele apresentou a professores de crianças pequenas que têm em suas salas de aula alguma com autismo.[69]

> Então, quando você me vê hoje, você só está vendo o melhor de mim. Então, novamente, eu escrevi isso ontem à noite, e sempre há uma chance de que você obtenha o pior William mais desregulado hoje.
>
> Então, como um centro da primeira infância pode ser mais inclusivo? Aqui estão minhas sugestões:

- Inclua todos os alunos em todas as atividades. Se a atividade tiver componentes que sobrecarregariam os sentidos de uma pessoa autista, tente acomodar suas necessidades para que participem. Nunca force uma situação.
- Incentive amizades entre pares. É imprescindível que cada criança conheça a outra.

---

68. Vídeo postado pela Federação Espírita do Estado de Tocantins em 13/08/2021.
69. Palestra para professores na i-ASC.

- Nunca se refira a amigos sem deficiência como "ajudantes". Amigos naturalmente ajudam.
- Durante o tempo de assistir ao filme, se seu aluno autista preferir se mover, brincar ou "se afastar" do grupo, sempre o deixe e presuma que é assim que ele gosta de assistir a filmes.
- Sempre permita que seus alunos se energizem com movimentos autoestimulantes. Eles precisam disso mais do que você precisa que eles parem.
- Nunca deixe seus alunos ouvirem você falando sobre eles, a menos que você tenha coisas positivas a dizer. Lembre-se, nós entendemos mesmo se não pudermos mostrar isso.
- Eu sei que não é fácil cuidar de alunos com "alta necessidade de suporte". É ainda mais difícil e frustrante ser esse aluno. Muitos dos meus colapsos foram iniciados por coisas que ouvi. Por favor seja gentil.
- Dê a seus alunos com deficiência oportunidades de praticar atividades motoras com propósito. Não para tentar normalizar seus hábitos lúdicos, apenas para ajudá-los a regular o sistema nervoso frouxo e esgotado. Eles se sentirão muito realizados.
- Ensine alfabetização e matemática, no estilo pré-escolar, a todos os alunos. Se eles não olham para você, isso não significa que eles não podem ouvi-lo. A menos que sejam surdos. Então, eles provavelmente deveriam ser obrigados a assistir.

MÚSICA COMO PRECIOSA ALIADA

A MÚSICA É um elemento sempre presente nas aulas de evangelização espírita. Temos, na atualidade, um vasto repertório que atende a pessoas de todas as faixas etárias, com ampla cobertura de temas e de ritmos variados. Usada na entrada, alegra e aglutina; na ambientação, acalma; no decorrer dos encontros, esclarece e fixa conteúdos; cantada em casa, conecta o centro espírita com o lar e com a família.

Anos atrás, nós coordenávamos a área de evangelização de um grupo espírita localizado em Vigário Geral – uma comunidade marcada pela violência –, no Rio de Janeiro. Certo dia, depois de uma manhã de trabalho junto às crianças, andávamos pelas vielas da comunidade, com outras evangelizadoras, ainda envolvidas com a agradável sensação que aquela tarefa nos proporcionava, quando algo parou nossos passos e encheu de alegria nossos corações. Vindo de dentro de uma residência bem humilde, uma vozinha cantava: "Nas conchinhas lá do mar..."

Essa era uma das músicas favoritas das crianças e fora por todos entoadas no início daquela manhã. Sua letra evoca a lembrança de que Deus está em toda parte: nas conchas do mar, nas estrelas do céu, no universo infinito e junto a cada um de nós. Saber que músicas como essa invadem os lares dos nossos pequeninos nos fez vibrar de emoção. Não ignoramos que o gosto musical dos jovens do lugar tende para temas bem diversos dos que elegemos. Por isso, ali mesmo, elevamos um agradecimento ao Pai de amor e bondade pela oportunidade do trabalho junto às crianças daquela comunidade.

É muito comum ver crianças que não conseguem fazer uso funcional da fala cantarolarem enquanto trabalham com as mãos, expressando alegria.

Há estudos que evidenciam a existência de pontos positivos no emprego da música junto à criança e ao jovem com autismo. Ela tem sido apontada como um meio de expressão e comunicação capaz de revelar sentimentos e estados emocionais que não são ditos por palavras. "Pareciera que el chico le presta más atención a lo que se le dice, si es mediante una melodía." ("Parece que a criança presta mais atenção ao que se diz, quando é dito por meio de uma canção.") [70]

Também é considerada um recurso motivador, constituindo-se um excelente canal para a abordagem inicial com crianças com autismo, por sua capacidade de diminuir o nível de ansiedade, bem como de ajudar a estabelecer os primeiros vínculos afetivos.

Já nos referimos a uma jovenzinha que há muitos anos frequenta nossa casa, diagnosticada com autismo nível 3 e não faz uso da fala. Todos se encantam ao ver o brilho nos seus olhos e o sorriso no seu rosto quando alguma educadora, ao vê-la chegar, a recepciona cantando. Segurando nas mãos dessa amiga, acompanha o ritmo batendo palmas e olhando fixamente nos olhos. Ao final de cada música, fica aguardando pela próxima. Observamos que a música fortalece os vínculos com as educadoras, desenvolve a intencionalidade, a iniciativa e a concentração.

De fato, a música é uma linguagem universal!

---

70. O livro *Autismo y música*, da psicóloga argentina Florencia Gigena, traz um relato de pesquisa feita em sala de aula com professores de crianças com autismo, mostrando esses ganhos. Essa afirmativa é de um dos professores entrevistados na pesquisa (p. 5).

A mágica dos acordes musicais na evangelização

Evangelizadores têm relatado avanços no desenvolvimento de crianças autistas ao trabalharem com música. Dentre as possibilidades, destacam-se a criação de instrumentos de percussão a partir de sucatas. A participação da criança começa com a coleta do material junto aos familiares e conhecidos. Depois, durante o encontro, ela continua a atuar quando se reúne com o grupo de colegas para transformar sucatas em objeto capazes de produzir som (chocalhos, flautas, tambores, pandeiros)[71]. Nessa tarefa, julgamos oportuno que evangelizandos de ciclos mais adiantados venham colaborar com os menores na construção desses instrumentos, exercitando a solidariedade.

Um cuidado que se deve ter, nessa produção de instrumentos, é o de procurar identificar se as pessoas com autismo, presentes no encontro, têm alguma dificuldade com sons – graves ou agudos –, que poderia lhes causar desregulação. Em havendo, o melhor é evitar esse tipo de atividade.

Outro ponto bastante positivo, ressaltado por estudiosos do autismo que abordam a utilização da música, é o fato de ela poder dar funcionalidade às estereotipias. O meneio do corpo, o saltar de um lado para outro, o rodopiar são movimentos que podem acompanhar o ritmo da música; igualmente chacoalhar um instrumento, bater um tambor. Ou até mesmo sacudir um chaveiro. Nesses casos e em tantos outros, se estão todos cantando juntos, a pessoa com autismo certamente se sentirá bastante integrada ao grupo.

A forma como a música é apresentada nos grupos espíritas obedece a padrões variados, dependendo dos recursos humanos e materiais que se tem. Pode ser cantada por uma pessoa ou por todos os presentes, acompanhada, ou não, de um instrumento

---

71. Página do Pinterest. Coleção de Aline Morais Tardioli.

musical (violão, quase sempre); apresentada em vídeo, em *Power-Point* ou gravada somente em áudio. Ao elegerem-se as músicas espíritas para serem cantadas e tocadas, há que se ter o cuidado de optar por melodias mais suaves, com letras fáceis de serem entendidas, com boa dicção por parte dos intérpretes, para estimular o desenvolvimento da linguagem naquelas crianças que apresentam dificuldades na fala. As que conjugam melodia, ilustração e letra legendada são as que melhor funcionam, nesse sentido.

Há crianças que se identificam tão intensamente com a música, que essa passa constituir um dos seus centros de interesse e pontos fortes. Saulo Laucas é um desses casos. Diagnosticado com autismo aos 3 anos, despertou para a música muito cedo e fez dele a sua razão de viver. Hoje é bacharel em Música pela Universidade Federal do Rio de Janeiro. Com sua bela voz de tenor, vem entusiasmando as mais diferentes plateias.

Algumas pessoas no espectro autista têm memória acima da média, com destaque para matemática, letras e palavras. Saulo Laucas tem uma memória extraordinária para música, o que lhe permite fazer participações elogiadas em óperas, festivais e recitais. Como espírita, tem emprestado o colorido da sua voz a centenas de eventos beneficentes. E para nós o mais importante é tê-lo como um exemplo de determinação e força de vontade. Além do autismo, Saulo tem cegueira congênita.

Quando o herói é um cantor espírita

A música, de fato, consegue ser ponte por onde muitas pessoas no espectro autista transitam do seu universo para o das pessoas neurotípicas. Matheus, aquele menino que conheci participando de uma apresentação teatralizada em um centro espírita também tem por ela trilhado. Atualmente está com 11 anos, e a sua musicalidade desabrochou por completo.

Sons e harmonias aportaram na sua vida antes mesmo do seu nascimento, ao ouvir, no ventre que o acolhia, o pai cantar, acompanhando-se ao violão, bendizendo a sua chegada.

Diagnosticado com autismo, bem cedo, Matheus só falou aos quatro anos. Nessa época, já frequentava o centro espírita junto com seus pais. Assistia às aulas da evangelização sem grande entusiasmo. Poucas eram as atividades inclusivas propostas. Nem mesmo os momentos musicais permitiam qualquer participação. Fugindo ao que acontece na maioria das evangelizações espíritas, ali a música era exclusividade de um adulto que cantava para as crianças, e não com elas.

Matheus, porém, teve a oportunidade de conhecer um amigo da família que há muitos anos vem contribuindo com suas melodias e com o seu cantar para o Movimento Espírita: Marcelo Daimon. O som da sua voz e a sonoridade das suas canções despertaram o potencial musical do menino. A partir do primeiro encontro, o "Tio Marcelo" passou a ter, sobre ele, um poder quase mágico. Foi ele quem conseguiu que, aos cinco anos, o pequeno subisse em um palco para juntos se apresentarem em um evento beneficente espírita. A mãe relata a apreensão que a dominou, ao pensar como seria a reação do seu filho diante daquele público numeroso, o que sentiria com o barulho dos aplausos... Mas, para a sua surpresa, a apresentação ocorreu de forma tranquila. Matheus e Marcelo Daimon cantaram *Sorri para a luz*, uma canção suave, que traz em seus versos mensagens de amor: *"Ser feliz é poder compartilhar / É dividir o melhor que tem pra dar / É andar no bom caminho / Onde nunca estará sozinho"*. Aquele foi o primeiro de muitos outros duetos musicais que compartilharam, o que levou o menino a eleger o cantor como seu herói e a afirmar que *Sorri para a luz* é "a sua música".

Essa musicalidade tão intensa fez com que Mário Borges, outro cantor e compositor espírita, procurasse Matheus. A pandemia que começara em 2020 e o isolamento social já começavam a espalhar seus efeitos nocivos. O guri entrara em depressão, sem dar mostras de que estaria pronto para reagir. Mas a música, mais uma vez, conseguiu levá-lo a ultrapassar suas dificuldades. Mário o procurou e disse que ele seria a inspiração para a música que iria compor; que nela procurava sensibilizar as pessoas para o transtorno autista. E o convidou.

O resultado disso nós podemos conferir em um vídeo postado em uma rede social. Eles se revezam ao interpretarem a canção *Panapaná*, cuja letra compara borboletas a crianças com autismo. No comentário que complementa o vídeo, Borges enfatiza: "Os autistas são iguais às borboletas. Eles precisam voar. Alguns voam lento e outros, mais rápido".

E Matheus tem voado alto. Além de cantar, gosta muito de dançar e representar. Assistir-lhe tão solto, confiante, mirando a câmera e entoando afinado, dá a certeza de que diante do autismo só nos cabe uma atitude: oferecer oportunidade a todos de mostrarem do que são capazes. Nas conversas que temos tido, sua mãe, Ana Paula Netto, demonstra todo o seu anseio, para que a inclusão de pessoas com autismo nas instituições espíritas, mormente nos momentos da evangelização, se torne realidade.

Uma Sinfonia Diferente

Se Saulo e Matheus são testemunhas das ricas potencialidades que a musicalidade traz no desenvolvimento das capacidades de pessoas autistas, o projeto Uma Sinfonia Diferente é a prova de que ela pode alcançar culminâncias inimagináveis. Criado por uma jovem musicoterapeuta, Ana Carolina Steinkopf, em Brasília, em 2015, o projeto teve início com a utilização de uma metodologia que trabalhava a comunicação e a socialização de crianças no espectro, por intermédio da música coreografada, e teve seu ápice na montagem de uma apresentação musical aberta ao público. Depois de sete meses de ensaio, os cantores e atores foram capazes de subir ao palco, surpreendendo as pessoas que não acreditavam na capacidade cognitiva e expressiva de crianças com o TEA. Todo o trabalho contou com a colaboração e assistência dos pais, que foram brindados com estreitamento de laços e expressões de carinho dos seus filhos, sob as luzes da ribalta.[72]

No vídeo que registra o resultado da produção, pode perceber-se o engajamento das 20 crianças que dele participaram cantando, dançando, batendo palmas, ritmando, tocando algum instrumento, rodopiando. Ali, elas se soltaram e manifestaram sentimentos de alegria pela vitória sobre si mesmas, que estavam conquistando. Foi, de fato, um belo exemplo do poder da música quando encontra alguém como Ana Carolina, que sempre acreditou que não há limites para a superação do ser humano, ainda que esteja no espectro autista.[73]

Refletindo na quantidade de benefícios que a música traz para as pessoas autistas, impossível não recordar Léon Denis, no livro *O espiritismo na arte*, ao dizer: "A música, melhor que as palavras, representa o movimento, que é uma das leis da vida, por isso ela é a própria voz do mundo" (p. 78, cap. VII).

Inclusão é a nossa bandeira

Ao longo da minha vida, venho observando o quanto ainda falta para que a inclusão seja, realmente, uma realidade nos diferentes espaços por onde nossos filhos autistas transitam. Percebi o quanto precisamos avançar para que a sociedade, como um todo, e as pessoas, em particular, compreendam e aceitem certas

---

72. Notícia veiculada por Correio Braziliense em 14/11/2019 com o título "Musicoterapeuta negra é autora de projeto social que virou referência".
73. Vídeo postado por Adventistas do Brasil em 21/09/2015.

mudanças nas suas rotinas, a fim de favorecer a inclusão do autista em tais locais. Quantas há que não abrem mão dos seus hábitos para favorecer o bem-estar e equilíbrio dos que têm o TEA... O desconhecimento e a falta de compreensão ocorrem até mesmo onde não deveria existir: em instituições religiosas.

Quando meu filho, por orientação médica, iniciou a alimentação diferenciada, não hesitei em adotar uma dieta que pudesse melhorar sua qualidade de vida, livrando-o dos problemas recorrentes que afetavam sua saúde. E nós, em um ato de amor, também passamos, na medida do possível, a adaptarmo-nos ao seu cardápio.

E essa é uma realidade para um expressivo número de mães que gostariam que todos a seu redor aprendessem a renunciar a alguma coisa em prol de outra pessoa, ou de uma causa maior, quando se deparam com algo "fora dos padrões" da sociedade, ou quando isso mexe em seus pequenos prazeres. Mas essa é uma lenta aprendizagem.

É com tristeza que percebo que, inclusive em ambientes religiosos, onde a família do autista espera que ele seja aceito e compreendido com suas limitações, isso nem sempre é o que ocorre. Quando, por exemplo, se fala em tirar alimentos como doces, guloseimas e refrigerantes dos momentos de confraternização, encontra-se grande resistência.

Por essas e tantas outras questões, mães ficam isoladas involuntariamente em vários ambientes.

Como seria desejável que companheiros das nossas instituições religiosas – e aqui penso, em especial, nos das casas espíritas que frequentamos – soubessem como os pais de crianças e jovens autistas gostariam de ver seus filhos incluídos em diferentes situações! Infelizmente, os convites feitos por amigos e companheiros para aniversários já vão desaparecendo assim que os diagnósticos são confirmados. O mesmo ocorre com as visitas. Quando isto não acontece na infância (são raras as exceções), sucede na adolescência ou vida adulta. Os Natais e festas de fim de ano serão sempre com pai, mãe e irmãos ou com outra família de autista.

Certo dia, alguém comentou que nós, mães de autistas, somos muito fechadas entre nós, parecendo uma sociedade à parte, formada por grupos que se comunicam somente entre si. Expliquei que não somos assim por vontade própria. Somos excluídas quando excluem nossos filhos de festas de aniversário, de reuniões outras onde "eles sempre atrapalham", ou onde eles não são respeitados por conta de suas limitações.

Até mesmo na ida a parquinhos ou a outros locais públicos vemos, com tristeza, quanto preconceito há contra uma criança ou um jovem autista.

Nosso anelo é vê-los incluídos em toda e qualquer situação, em laços de fraternidade e compreensão.

Mas há uma mensagem de esperança que gostaria de deixar para as mães de filhos recém-diagnosticados, ou muito pequenos, tão preocupadas com o que virá com o passar dos anos: não sofra por antecipação. Lembrem-se do ensinamento do mestre Jesus: "a cada dia basta o seu mal". Ou o seu bem. Não fiquem conjecturando no que virá. Ninguém sabe o que irá acontecer. Mas tenho certeza de que quando ele chegar na adolescência e depois, na vida adulta, ele será tão ou muito mais amado do que ele é hoje, quando ainda está na infância. Tenho certeza disto, porque também pude comprová-lo em outras mães.

Todos esses questionamentos fazem parte, sim, da nossa evolução, da nossa trajetória e é importantíssimo que se tenha confiança em Deus. Absoluta, porque nada que acontece vem para o nosso mal. Ao contrário, é sempre para nosso bem.

Lembro-me perfeitamente da primeira vez que pude me encontrar com outras mães de filhos autistas. Havia em seus olhos muito sofrimento, muitas perguntas sem respostas. E eu devo ter-lhes causado alguma surpresa, pois não entenderam por que eu me mostrava muito alegre e positiva. E a minha resposta foi: "Por que eu devo ser triste? Para entristecer o meu filho? Não! De jeito nenhum." Assim agindo, pude perceber que a nossa alegria conseguia contagiar os demais.

Amei meu filho como ele era. Amo como ele é, com todos os problemas que ele tem. Não importa o autismo, não importa a dependência que ele tenha. Nada disso importa. O que importa, realmente, é o amor que eu tenho por ele. E eu percebi, nitidamente, que uma mãe é capaz de contagiar outra mãe. E eu não tenho o direito de demonstrar derrotismo em momento algum. Elas nos veem e seguem os nossos exemplos de mães mais experientes.

A vida tem me mostrado a importância dessa atitude positiva, porque quando você consegue contagiar uma mãe, ela passa a ter um norte, uma figura de referência para seus atos, alguém que lhe inspire e a ajude a vencer todos os desafios que a vida com um filho com autismo lhe impõe. Para mim soa como uma grande responsabilidade, mas não me permito derrota. Não me permito, porque sei que preciso inspirar a outras mães e a mim mesmo.

Então, a minha maior vitória é esse tipo de superação. Sinto que me superei a cada dia, guardando no fundo da alma uma imensa gratidão a Deus.

Se eu pudesse escolher ter um filho com autismo ou não, mil vezes eu escolheria tê-lo, sim. Mil vezes, porque tanto o conhecimento como a nossa melhora como pessoa são inimagináveis. Se hoje sou como sou, agradeço a Deus ter me enviado o Léo.

Fizemos questão de encerrar essa obra com esta mensagem de esperança ditada pelo coração de uma mãe desejosa de levar esclarecimento, consolo e bom ânimo a famílias que têm filhos com o TEA.

Nosso anseio é que os dirigentes espíritas, coordenadores dos Departamentos de Infância e Juventude, bem como evangelizadores se convençam da necessidade de acolhermos com todo carinho todos aqueles que, nesta presente encarnação, trazem algum transtorno, deficiência ou diferença. Todos merecem conhecer Jesus. Todos merecem ser amados. Façamos a nossa parte, esclarecendo e lançando as sementes da compreensão e da amorosidade por onde passarmos, certos de que, como nos assegura o evangelista Marcos 4:32, "tendo sido semeado, cresce."

ANEXO 1

PERFIS DOS OITO autistas comunicadores, apesar de não falantes, que alcançaram grande visibilidade nas mídias eletrônicas.

Tito Rajarshi Mukhopadhyay, nascido em 1989, na Índia, é um poeta muito profícuo e sensível, tem vários livros publicados e o seu caso levou a BBC a produzir o documentário *Tito's Story* (*A história de Tito*), em 2000. Há alguns anos transferiu-se com a família para os Estados Unidos. Mantém uma página muito ativa no *Facebook* com cerca de 4.000 seguidores. Foi sua mãe, Soma Mukhopadhyay, quem desenvolveu método RPM com o objetivo de ensiná-lo a comunicar-se. No início, ela era sua facilitadora no momento de apontar as letras. Mais tarde, passou a digitar diretamente no teclado do computador, ainda com ajuda. E, há algum tempo, ganhou autonomia ao digitar, conforme se pode constar na postagem do dia 12/09/2016 da sua página no *Facebook*.

Para saber mais:
- https://autismoemtraducao.com/2015/03/13/tito/
- No *Facebook*: https://www.facebook.com/Tito-Rajarshi-Mukhopadhyay-66922973082

Sue Rubin nasceu em 1978, no Estados Unidos. Foi diagnosticada, ainda na primeira infância, com autismo no nível 3 de suporte, com grande comprometimento motor. Em 1991, com 13 anos, começou a digitar pelo método de Comunicação Facilitada (FC). Daí em diante conseguiu estudar e formou-se na universidade. Hoje é consultora sobre deficiência e ativista do autismo. Escreveu o roteiro do documentário *Autism is a world* (Autismo é um mundo), mantém uma página atualizada no *Facebook*, na qual é possível vê-la digitando de forma independente (postagem do dia 06/02/2020).

Para saber mais:
* No *Facebook*: https://www.facebook.com/SueRubinConsulting

Carly Fleischmann, nascida no Canadá, em 1995, durante mais de dois anos teve um *talk show*, tornou-se *youtuber* e escreveu junto com o seu pai, Arthur Fleischmann, o livro *Carly's voice* (A voz de Carly). Foi surpreendente a forma como se comunicou pela primeira vez: digitou um pedido de socorro no teclado do computador, quando estava com uma forte dor e precisava de ajuda. O seu autismo era, segundo acreditavam, tão severo, que sequer imaginavam que ela soubesse ler e escrever e, muito menos, usar um teclado. Sua comunicação, depois disso, passou a ser por intermédio de um teclado com sonorizador, que transforma texto em fala. Há dezenas de vídeos seus no YouTube. Até 2018 mantinha uma página no *Facebook* com inúmeros textos muito interessantes sobre a sua história e seus sentimentos.

Para saber mais:
* https://www.hypeness.com.br/2013/02/menina-revela-pela--primeira-vez-como-e-estar-por-tras-dos-olhos-de-um-autista/
* Vídeos: Há dezenas de vídeos sobre ela no *YouTube*. *Hart Faber Carlys Story of Autism.mov*, de 2010, é um dos primeiros. *O Channing Tatum é entrevistado por Carly Fleischmann* é outro, mais recente (2017); ambos, legendados.

Naoki Higashida nasceu no Japão, em 1992. Aos 13 anos escreveu seu primeiro livro – *The Reason I Jump: The Inner Voice of a Thirteen-Year-Old Boy with Autism* (*O que me faz pular: a voz interior de um menino autista de 13 anos*) – traduzido para mais de trinta idiomas. Desde então, já publicou 15 livros no Japão, incluindo livros infantis e ilustrados, poemas, ensaios e textos autobiográficos. Tema de um documentário premiado da televisão japonesa em 2014, ele continua fazendo apresentações por todo o país, falando sobre sua experiência com o autismo. No YouTube há inúmeros vídeos a seu respeito.

Para saber mais:
* https://autismoerealidade.org.br/2021/02/02/naoki-higashida-um-autista-nao-verbal-conta-sua-historia/
* Entrevista de Marcos Mion falando sobre Higashida https://www.facebook.com/watch/?ref=search&v=23286113271-77769&external_log_id=3afcc0b6-cb01-4bd9-85be-80f42a31ffc2-&q=naoki%20Higashida
* http://thereasonijumpfilm.com/
* Artigo sobre o livro *The Reason I Jump* disponível em: https://www.wsj.com/articles/i-was-born-unable-to-speak-and-a-disputed-treatment-saved-me-1537723821. Acesso em 18/02/2021.

Ido Kedar nasceu nos EUA em 1997. Aos 15 anos publicou seu primeiro livro autobiográfico, *Ido in autismland* (Ido na terra do autismo) e, mais recentemente, o romance *In two worlds* (Em dois mundos), ambos focalizando as visões internas e externas do autismo. Desde muito cedo aprendeu a comunicar-se usando, inicialmente, o quadro de letras, passando, depois para teclado com voz, conforme se pode ver em inúmeros vídeos no YouTube, como o *Communication is a basic human right - Ido Kedar* (Comunicação é um direito humano básico), de 2019. Seu protagonismo na área dos direitos dos autistas lhe conferiram vários prêmios. Mantém o blog http://www.idoinautismland.com sempre atualizado e pode ser seguido no *Facebook*. No YouTube, ele protagoniza vários vídeos. Também é um defensor dos direitos dos autistas não falantes.

Para saber mais:
- (Blog) Disponível em http://www.idoinautismland.com/. Acesso em 06/06/2021.
- Disponível em (YouTube): *Communication is a Basic Human Right - Ido Kedar*. Acesso em 20/01/2019 (há ainda outros vídeos sobre ele).
- (Entrevista disponível em https://www.learnplaythrive.com/episode9. Acesso em 20/12/2020.

Tim Chan é de família chinesa, mas nasceu na Austrália, em 1994. É um escritor, poeta e atualmente estuda ciência política na universidade. Em 2014, foi palestrante no TEDx Melbourne e publicou recentemente (2019) um livro sobre sua vida – *Back to the brink* (*De volta da beira do abismo*). É voluntário em organizações que defendem os direitos dos autistas e, também, atuou no Grupo de Trabalho Covid-19 em Serviços de Defesa de Deficientes para Jovens, que examinou o impacto da pandemia para jovens com deficiência. É um defensor dos autistas não falantes. Também pode ser visto digitando em vídeos do *YouTube*.

Para saber mais:
- https://www.timhchan.com/
- https://www.youtube.com/watch?v=Woy-XzC-UVs
- https://www.timhchan.com/?fbclid=IwAR1jWvx8NXXHEH0R zlYWB_8q4LqP6DsNKxbuSWuaYA2EBkKzh28h6XwkhFU
- https://www.youtube.com/watch?v=fuvAoM5eYE8
- A comunicação facilitada me deu a própria voz em https://www.abc.net.au/rampup/articles/2012/03/19/3456170.htm.

William Tziavaras nasceu no Canadá em 2008, está cursando a sétima série. Utiliza a chamada Spell to Communication. Embora tão jovem, tem colaborado com a International Association for Spelling as Communication (I-ASC), com entrevistas e sugestões para familiares e educadores. Na internet é possível encontrar um vídeo no qual apresenta um pequeno esquete com um fantoche, além de uma apresentação (com tradução em português), na qual explica o que significou, na sua vida, não ser compreendido e a alegria que sente, hoje, em poder colaborar advogando a causa dos autistas não falantes.

Para saber mais:
- Vídeo disponível em https://www.facebook.com/IASCspells/videos/247765630017925/ . Acesso em 20/05/2021.
- Palestra para professores disponível em: https://i-asc.org/fleeing-the-world-of-silence/. Acesso em 29/08/2021.
- Pesquisas recentes sobre o método que utiliza (Comunicação Facilitada – FC): https://doi.org/10.1038/s41598-020-64553-9 https://doi.org/10.1177%2F1540796914555581

Fernando Murilo Bonato nasceu em Curitiba, em 2007. Apesar de ter feito terapia desde pequeno, somente conseguiu aprender a comunicar-se há um ano apenas, quando sua mãe, a professora Karina Bonato, em um esforço concentrado, resolveu apostar uma forma singular de conversar. Sentado um diante do outro, ela fazia perguntas e ele respondia, abrindo a boca, movimentando os lábios como se estivesse falando, sílaba por sílaba – mas sem som –, enquanto ela ia interpretando. Deu certo, apesar de ainda não haver muita clareza na emissão das palavras. Agora está entusiasmadíssimo, ditando longos textos digitados por Karina, que são postados regularmente no Instagram. É, ainda, autor do livro *Você pode ser o que quiser*, e *Tudo pode se transformar quando se tem coragem*, lançado em agosto de 2021.

Para saber mais:
- Instagram: #murilo_ciclistea
- https://www.youtube.com/watch?v=A4dAZNCol0A

Nota complementar: no *site* https://neuroclastic.com/2021/06/23/the-joy-of-communication/, há ricas informações sobre autistas que não falam, mas se comunicam com muita clareza.

ANEXO 2

Poema de Tito Rajarshi Mukhopadhyay:

"Esses pássaros"

Those birds, three and thirty-five,
Sat on electric cables
Beneath a cloudy sky,
Chirping day and night.
I tried to guess their words —
More than three and thirty-five!
They ignored me outright.
I stood looking up with everything else
That looked up beneath a cloudy sky..

[...] The electric cables made checks and stripes.
The trees hung their branches
For the three and thirty-five,
Which sat on cables beneath a cloudy sky.

Esses pássaros, três e trinta e cinco,
Sentados em cabos elétricos
Sob um céu nublado,
Chilrear dia e noite.
Eu tentei adivinhar suas palavras
Mais de três e trinta e cinco!
Eles me ignoraram completamente.
Eu fiquei olhando para cima com todo o resto
Esse olhou para cima sob um céu nublado.

[...] Os cabos elétricos eram verificados e riscados.
As árvores penduraram seus galhos
Para os três e trinta e cinco,
Que se sentaram em cabos sob um céu nublado.

Fonte: <https://dsq-sds.org/article/view/1192/1256>.

Acesso em: 20 mai. 2020.

ANEXO 3

Trecho do conto "Estou bem aqui"

Ao voltar ao Paraíso, não parou de pensar em seus pais. Eu tinha certeza de que em algum momento as coisas voltariam ao normal para mamãe e papai. Mas parece que esse sofrimento vai durar pelo resto de suas vidas. E, mesmo que eu possa estar com eles, não há nada que possa fazer para ajudá-los. Ele estava afundando em desespero. Bem, não há outra coisa a fazer. É hora de pedir ajuda a Deus. E chamou em voz alta:

– Deus? Tenho um favor para pedir!

Brilhando na névoa, Deus se materializou.

– Você me chamou?

– Meus pais ainda lamentam a minha morte e não há nada que eu possa fazer por eles, a sensação é... insuportável.

Enquanto ouvia, Ele concordava com a cabeça.

– Eu entendo o que você está passando. Só que... é a vida,

certo? Seu pai e sua mãe terão a chance de encontrar você aqui quando for a vez deles.

As palavras não ajudaram Shun a se sentir melhor.

– Eu acho que é demais para eles aguentarem. E é impossível para mim viver feliz aqui em cima sabendo a dor que eles estão vivendo! – exclamou quase aos gritos.

– Humm... Isso é complicado. Nenhum lugar é melhor que o Paraíso... – E o Todo-Poderoso parecia imerso em pensamentos. – Bem, não estou dizendo que não há um jeito de ajudar seus pais.

E então falou algo bastante inesperado:

– Você pode renascer como filho deles. Ao ouvir isso, o coração do garoto pulou de alegria.

– É mesmo? Você pode fazer isso? Sua voz estava cheia de emoção enquanto seu coração batia cada vez mais forte. Se isso fosse possível, eu voltaria agora mesmo.

Como se tivesse lido esse pensamento, Deus acrescentou:

– Entretanto, há um pequeno porém – e olhou bem nos olhos do menino.

– A partir do momento em que nascer, você não será mais o Shun. Todas as suas lembranças dele, de ser ele, deixarão de existir.

– Então, não serei mais Eu – as esperanças de Shun murcharam. – Minha existência será apagada para sempre.

Aí ele entendeu melhor a razão de Kazuo e tantos outros amigos permanecerem no Paraíso por tanto tempo.

– O que faço? Se não vou ser mais eu mesmo, qual a vantagem de renascer?

Lá do alto, ele ficou olhando para a Terra azul.

Fonte: Higashida, Naoki. *O que me faz pular* (p. 139-140).

Intrínseca. Edição do Kindle.

ANEXO 4

Priorizar a evangelização

Anália Franco

MEUS IRMÃOS, DEUS nos guarneça em Sua paz!

Dias de ventura vivemos no seio espírita quando novos projetos na área do conhecimento humano são apresentados como valiosa contribuição para o campo da educação do ser.

Trazemos, com muita alegria em nosso coração, a notícia de que vários companheiros da área da pedagogia estão extremamente interessados nos ensinamentos que partem do princípio da sobrevivência da alma do corpo. E, com isso, trarão novos paradigmas à educação, principalmente daqueles que carecem de recursos.

A evangelização espírita alcança para nós, do outro lado da vida, uma importância capital. Evangelizar desde o ventre na Terra, evangelizar trazendo a Boa Nova de Jesus aos corações ainda envoltos em sombra.

Evangelização é luz que se acende na escuridão da ignorância. E o caminho no qual a criança, o jovem, assim como também a família, encontram diretrizes corretas para um bom proceder na Terra.

Evangelizai a vós próprios, em primeiro lugar, para, através de vossa experiência do encontro com Jesus, vivenciar e falar com autoridade daquele que conhece os meios e os modos da pedagogia de Jesus aos seus ouvintes.

Trabalhemos o nosso íntimo envolvendo Jesus, o grande Educador de Almas nesse trabalho que floresce e já aponta os primeiros frutos em todo o movimento espírita.

Que possamos permanecer priorizando a evangelização e, com isso, semeando a boa semente no solo fértil que é o coração inocente das crianças.

Paz e fortaleza de ânimo para todos!

É o que deseja a Irmã Anália.

(Mensagem ditada pelo espírito Anália Franco,
na Casa de Batuíra, São Gonçalo, RJ, em 28/06/ 2014,
psicografada por Hélio Ribeiro Loureiro).

ANEXO 5

Dados mais recentes sobre a prevalência do TEA

Dados e estatísticas sobre Transtorno do Espectro Autista fornecidos pelo CDC (Centers for Disease Control and Prevention) dos Estados Unidos, a partir de pesquisa publicada em 2018:

- Cerca de 1 em cada 44 crianças nos Estados Unidos foi identificada com transtorno do espectro autista (TEA), de acordo com estimativas da Rede de Monitoramento de Deficiências de Desenvolvimento e Autismo (ADDM) do CDC.

- O TEA ocorre em todos os grupos raciais, étnicos e socioeconômicos.
- O TEA é mais de 4 vezes mais comum entre os meninos do que entre as meninas.
- Para saber mais: https://www.cdc.gov/ncbddd/autism/data.html

AGRADECIMENTOS

Este livro foi inspirado pelo espírito Anália Franco, que, em uma mensagem mediúnica, alertava para a importância de evangelizarmos os autistas. Seu apelo ecoou na minha mente por vários meses, fazendo-me estudar o tema e buscar ajuda junto a instituições e pessoas com larga experiência na área. A todas elas expresso o meu mais profundo agradecimento e, com especial carinho, à querida mentora, ao médium que psicografou a referida mensagem, Hélio Ribeiro Loureiro e a Deus.

Carlos Campetti, pai de um jovem adulto com autismo e atual Diretor da Área de Estudo do Espiritismo do CFN/FEB, me deu a honra de prefaciar o livro, destacando como positivos alguns de seus pontos. A ele, o meu preito de gratidão.

Agradeço, especialmente, à Berenice Piana, companheira de ideal espírita e referência nacional no âmbito das questões relacionadas ao transtorno do espectro autista (TEA). Foi inesquecível a forma como, em um encontro em um centro espírita de Itaboraí, cidade da Região Metropolitana do Rio de Janeiro, recebeu-me pela primeira vez, convidando-me para conhecer a Clínica-Escola do Autista, naquele município. Convite aceito, foi ali que comecei a compreender toda a complexidade que envolve o mundo dos que atuam junto a crianças e jovens com o TEA. Berenice foi peça-chave na elaboração deste livro, colaborando com a sua leitura crítica, seus conselhos e seu apoio. Com profunda gratidão, rogo a Deus que a abençoe e a fortaleça na sua jornada em favor dos autistas.

Foi por seu intermédio que pude participar de seminário na antiga Clínica-Escola de São Gonçalo, travando contato com sua dirigente, à época, Ana Paula Siqueira, que também dirigia outra clínica – o Espaço em Casa –, na minha cidade, Niterói. Conhecedora da minha experiência profissional como professora da Universidade Federal Fluminense e da minha formação acadêmica, permitiu que, por alguns meses, eu fizesse um estágio naquele ambiente terapêutico. Ali aprendi muito, acompanhando o seu trabalho como psicopedagoga, observando as crianças e jovens que eram por ela atendidos, e conversando com seus familiares (mães, na maioria). Destaco dessas conversas, a contribuição de Eloah Antunes, figura das mais importantes no movimento em prol dos direitos dos autistas. As palavras não conseguem expressar todo o meu reconhecimento à Ana Paula pelas portas abertas, às crianças e jovens pelos aprendizados que me proporcionaram, assim como a seus familiares por todas as conversas e observações feitas em torno do TEA.

Atendendo a meu pedido, a educadora e evangelizadora Mila Ferreira, mãe de um jovem autista, favoreceu-me com uma roda de conversa com outras companheiras com perfis semelhantes ao seu, na qual muito aprendi e a quem também agradeço. Foram elas: Ana Paula Neto, Amalya Azul e Cristiane Abreu. Foi, ainda, Mila Ferreira quem me apresentou a uma figura fundamental para a realização desta obra: uma mãe, profunda conhecedora do TEA e com larga liderança no movimento em favor dos autistas que, por pura modéstia, preferiu que seu nome fosse omitido, preferindo ser chamada, apenas, de Angel. Meu coração é só gratidão por contar com a sua importante parceria na elaboração do livro, trazendo o seu olhar de mãe de um jovem autista, e abrindo meus olhos para pequenos detalhes que eu desconhecia.

Esse mesmo sentimento de gratidão estendo a Derly José Henriques da Silva, renomado professor da Universidade Federal de Viçosa/MG que, no movimento espírita, atua como orador, médium e evangelizador de jovens. Foi por intermédio das nossas conversas que consegui melhor compreender o lado espiritual do autismo e o poder das terapias espíritas na gradativa melhora dos traços de pessoas autistas com extrema necessidade de suporte.

À medida que o livro foi sendo escrito, novas interações com pessoas que vivenciam o dia a dia do autismo foram surgindo. Dentre elas, tenho muito a agradecer a Claudia Moraes, Enea Kundlatsch, Katia Cilene Araújo Barroso, Manoel João do Espírito Santo, Ana Rosa Airão e Cláudia Moura, que me trouxeram esclarecimentos sobre aspectos teóricos e, principalmente, metodológicos que devem ser observados na evangelização.

Nesse sentido, contei, ainda, com a inestimável ajuda da professora e mestre em Educação Especial/Autismo, Mirella Campos Lima, uma brasileira radicada na Califórnia, onde atua como professora junto a adolescentes autistas, além de ser a responsável pela evangelização no Nosso Lar Spiritist Center, de Hayward, onde também acumula significativas vivências com crianças autistas. Com seu olhar percuciente de profissional e evangelizadora espírita, fez uma leitura crítica dos manuscritos, oferecendo-me inúmeras sugestões. O convívio com o seu filho Rafael, diagnosticado com autismo de nível 1 (com pouca dependência de suporte), foi, também, fonte de aprendizado para mim. A ambos, agradeço, enternecida.

Além do Rafael, tenho a agradecer a duas crianças da minha própria família, também com o nível 1 do transtorno, e a seus pais, com os quais aprendo muito: o João, filho de Helena Moysés e Duarte Rashid, e Mateus, filho de Ricardo Young e Mariana Teixeira Young. Além deles, devo à prima Adelaide Moraes e à sua filha Ana Luiza Muller, o conhecimento do primeiro caso de autismo diagnosticado como nível 3: a sua neta Gabriela Muller, 30 anos, com quem venho aprendendo ao longo dos anos.

Desejo, ainda, expressar o meu reconhecimento a duas amigas valiosas: Miriam Lucia Masotti Dusi e a Ana Maria Champloni, educadoras que, na Área de Infância, Juventude e Família, da Federação Espírita Brasileira/Conselho Federativo Nacional, coordenam a equipe responsável pela Formação, em EAD, "A Perspectiva Inclusiva da Evangelização". Tenho o privilégio de fazer parte dessa equipe na qual a riqueza das trocas amplia o meu conhecimento sobre o autismo e a inclusão.

Como o tema do autismo vem sendo sistematicamente veiculado nas mídias sociais, estabeleci contato direto ou indireto com outras três pessoas às quais admiro pela seriedade e profundidade com que tratam esse tema, a quem também deixo meu reconhecimento: Fátima de Kwant, Karina Bonato e seu filho Fernando Murilo Bonato.

Quis a Providência Divina que, ao procurar um revisor confiável para esta obra, encontrasse Vagner Lucio de Lima, pai de Arthur, um adorável menino com autismo, não falante, mas muito esperto, que me encanta ao ver o seu desenvolvimento mediante fotos e vídeos postados por seu pai. Mais do que um revisor, Vagner analisou o texto, apontando trechos que poderiam ser aprimorados. Por todo o cuidado e zelo com o trabalho, deixo registrado o meu agradecimento.

REFERÊNCIAS BIBLIOGRÁFICAS

ALONSO, José Ramón e ESQUISÁBEL, Irene Alonso. *Investigaciones Recientes sobre el autismo*. Valencia: Psylicon, 2014.

BERSCH, Rita e SCHIRMER, Carolina. *Ensaios pedagógicos. Construindo escolas inclusivas*. Brasília-DF: MEC- SEESP, 2005.

BRASIL. *Lei Federal Nº 12.764 de 27 de dezembro de 2012*. (Lei Berenice Piana). Institui a Política Nacional de Proteção dos Direitos da Pessoa com Transtorno do Espectro Autista; e altera o § 3º do art. 98 da Lei nº 8.112, de 11 de dezembro de 1990.

BUSSAB, V. S. R. *et al. Encontros com o outro: empatia e intersubjetividade no primeiro ano de vida*. V. 18, n. 2, jun. 2007. São Paulo-SP: Psicologia USP, 2007.

CARDINAL Donald N. & FALVEY, Mary A. The Maturing of Facilitated Communication: A Means Toward Independent Communication. *Research and Practice for Persons with Severe Disabilities*. Sage Publications, New York. v.3, n 9, mar. 2014, p. 189–194.

CHAN, Tim & CHAN, Sarah. *Back to the Brink*. 2019. Edição do Kindle, 2019.

CUNHA, Eugênio. *Práticas pedagógicas para inclusão e diversidade*. Rio de Janeiro-RJ: Wak, 2016.

_____. *Autismo e inclusão. Psicopedagogia e prática educativa na escola e na família.* 7ª ed. Rio de Janeiro-RJ: Wak, 2017.

DENIS, Léon. *O espiritismo na arte.* 2ª ed. Rio de Janeiro-RJ: CELD, 2008.

FEDERAÇÃO ESPÍRITA BRASILEIRA. Conselho Federativo Nacional – Área de Infância e Juventude. *Orientação à Ação Evangelizadora Espírita da Infância: Subsídios e Diretrizes.* Brasília-DF: FEB, 2017.

FERNANDES, Eliane Sousa de Oliveira. *Avaliação cognitiva de crianças com TEA: Teoria da mente, coerência central e compreensão de linguagem verbal.* (Tese de doutorado). Campinas-SP: Universidade São Francisco, 2018.

FRANCO, Divaldo P. *Alerta.* Por Joanna de Ângelis (Espírito). Salvador-BA: Leal, 1981.

_____. *Plenitude.* Por Joanna de Ângelis (Espírito). Salvador-BA: Leal, 1994.

_____. *Sexo e Obsessão.* Por Manoel Philomeno de Miranda (Espírito). 3ª ed. Salvador-BA: Leal: 2002.

GONZAGA, Regiane. *O autismo em minha vida.* Capivari-SP: EME, 2020.

GIGENA, Florencia. *Autismo y Música.* Córdoba: Universitas, 2005.

GRANDIN, Temple e SCARIANO, Margareth. *Uma menina estranha.* Rio de Janeiro-RJ: Companhia das Letras, 1999.

_____. e PANEK, Richard. *O cérebro autista. Pensando através do espectro.* 8ª ed. Rio de Janeiro-RJ: Record, 2018.

HIGASHIDA, Naoki. *O que me faz pular.* Rio de Janeiro-RJ: Intrínseca, 2014.

_____. *Fall Down 7 Times Get Up 8 : A Young Man's Voice from the Silence of Autism.* Tradução de David Mitchell. Edição do Kindle, 2017.

HOFFMANN, Sonia. Incluir, saiba como. In: *A Senda.* Vitória-ES, s/e, n.196, ano197, abril, 2019.

JASWAL, V.K., WAYNE, A. & GOLINO, H. Eye-tracking reveals agency in assisted autistic communication. *Scentific Reports.* Washignton D.C., out. 2020, p. 7882.

KARDEC, Allan. *O Livro dos Espíritos.* Rio de Janeiro-RJ: FEB, 2007.

_____. *Revista Espírita.* Vol. 3, jun.,1860. O Espírito de um idiota. FEB, Rio de Janeiro-RJ, 2009.

_____. *O Evangelho segundo o Espiritismo.* Rio de Janeiro-RJ: FEB, 1988.

KEDAR, Ido. *Ido in Autismland: Climbing Out of Autism's Silent Prison.* SharonKedar. Edição do Kindle. 2012.

_____. (Espírito). Entrevista com Bezerra de Menezes em 1982. [psicografado por] Júlio Cezar Grandi Ribeiro. In: DUSI, Miriam Masotti (coord.). *Sublime Sementeira.* Brasília-DF: FEB, 2012.

MIRANDA, Hermínio Correia de. *Nossos filhos são espíritos.* 6ª ed. Niterói-RJ: Lachâtre, 1995.

_____. *O autismo, uma leitura espiritual.* Niterói-RJ: Lachâtre, 2007.

MOUSINHO, Renata et al. Mediação escolar e inclusão: revisão, dicas e reflexões. *Revista Psicopedagogia.* ABPp, São Paulo-SP. Vol.27, n.82, pp. 92-108, 2010.

MOYSÉS, Lucia. *Aplicações de Vygotsky à educação matemática.* 14ª ed. Campinas-SP: Papirus, 2014.

_____. *Evangelização mudando vidas.* 5ª ed. Capivari-SP: EME, 2019.

_____. *Como aprendemos. Teoria e prática na educação espírita.* 5ª ed. Capivari-SP: EME, 2019.

MUKHOPADHYAY. *How Can I Talk If My Lips Don't Move? Inside My Autistic Mind.* Edição do Kindle, 2011.

NUNES, Graziane Valeriano. *A relação entre atenção compartilhada e processo de significação no desenvolvimento de crianças com transtornos do espectro autista.* Dissertação (Mestrado em Psicologia) apresentada ao Instituto de Psicologia, Programa de Pós-graduação em Psicologia, Universidade Federal de Alagoas. Maceió-AL, 2018.

PEREIRA, Yvonne do A. *Dramas da obsessão*. Por Bezerra de Menezes (Espírito). 6ª ed. Rio de Janeiro-RJ: FEB, 1984.

RAMOS, Fabiane e outros. Intervenção Mediada por Pares: implicações para a pesquisa e as práticas autismo. *Arquivos Analíticos de Políticas Educativas, Tempe*, USA, College of Education of the Arizona State University, vol. 25, nº23, p.1-21, fev, 2018.

ROCHA, Mariana C.M. Funções Executivas: O Que São e Qual Seu Papel na Neurociência Cognitiva? *In: Sociedade Brasileira de neuropsicologia*. Boletim SBNp. São Paulo-SP, v.1, n.5, p. 5-18, set., 2018.

TEIXEIRA, Raul. *Vereda familiar*. Por Thereza de Brito (espírito). Niterói-RJ: Fráter, 1991.

XAVIER, F. C. *Apostilas da vida*. Por André Luiz (espírito). Araras-SP: IDE, 1986.

_____. *Pensamento e vida*. Pelo espírito Emmanuel. Rio de Janeiro-RJ: FEB, 2006.

_____. *Roteiro*. Pelo espírito Emmanuel. 9ª ed. Rio de Janeiro-RJ: FEB, 1994.

_____. *Segue-me*. Pelo espírito Emmanuel. 9ª ed. Rio de Janeiro-RJ: FEB, 1994.

WALTERS, Kátia. O PECS - adaptado no ensino regular: uma opção de comunicação alternativa para alunos com autismo. In: NUNES, Leila Regina et al. *Comunicar é preciso em busca das melhores práticas na educação do aluno com deficiência*. Marília-SP: ABPEE, 2011, p.127-139.

REFERÊNCIAS
ELETRÔNICAS

Relação por assuntos:

- Lei 2.764. Disponível em:
  <http://www.planalto.gov.br/ccivil_03/_ato20 nov-2014/2012/lei/l12764.htm>. Acesso em: 10 jan 2013.

- DSM-V. Disponível em: <https://edisciplinas.usp.br/pluginfile.php/5662409/mod_resource/content/1/DSM-5.pdf>. Acesso em:15 jan 2020.

- Incidência do autismo na população. Disponível em: <https://www.revistaautismo.com.br/destaque/prevalencia-de-autismo-nos-eua-sobe-10-agora-e-1-para-54/>. Acesso em: 03 ago 2020.

- Possibilidades de progredir no autismo (texto de Claudia Moraes). Disponível em: <https://www.familia.com.br/como-cuidar-de-um-filho-autista/>. Acesso em: 23 jan 2021.

- Pesquisa sobre tempo de conectividade e gravidade do TEA. Disponível em: <https://www.uol.com.br/vivabem/noticias/redacao/2018/11/20/o-que-o-autismo-faz-com-o-cerebro-estudo-analisa-o-que-acontece-com-orgao.htm>. Acessos em: 07 dez 202.

- PECS e Quadros de Rotinas. Disponíveis em: <https://www.youtube.com/watch?v=Ght2jRymVoE&t=77s> <https://www.youtube.com/watch?v=bY_bOJ-vVPc>. Acesso em: 22 fev 2020. <https://www.assistiva.com.br/ca.html>. Acesso em: 08 jun 2021.

- Comunicação Alternativa e Ampliada. Disponível em: <https://pt.slideshare.net/asustecnologia/ensaios-pedagogicos>. Acesso em: 10 mar 2019.

- Marcos Petry. Disponível em <https://marcospetry.com.br>. Acesso em: 30/05/2021. Vídeo autismo & morte. Disponível em: <https://www.youtube.com/watch?v=JU1ujCpZQeE&t=197s>. Acesso em: 14 ago 2019.

- Atenção compartilhada. Disponível em: <https://ip.ufal.br/pt-br/pos-graduacao/mestrado-em- psicologia/documentos/dissertacoes/2018>. Acesso em: 03 fev 2021.

- Comunicação por soletramento no Canadá. Disponível em: <https://i-asc.org/es/blog/>. Acesso em: 06 jun 2021.

- Pesquisas recentes sobre Comunicação Facilitada (FC). Disponíveis em: <https://doi.org/10.1038/s41598-020-64553-9>. Acesso em: 02 jul 2021. <https://doi.org/10. nov 77%2F1540796914555581>. Acesso em: 02 jul 2021.

- Autismo e empatia. Disponível em:
  <https://obemviver.blog.br/2018 jul 16/o-que-e-empatia-excelente-artigo-de-daniel-goleman/>. Acesso em: 20 mar2020.
  <https://www.facebook.com/268762324064529/videos/827553447664759>. Acesso em: 01 dez 2019.

- Neurodiversidade. Disponível em:
  <https://doi.org/10.1590/S1413-81232009000100012>. Acesso em: 02 abr. 2021

- Funções executivas. Disponível em:
  <https://sbnpbrasil.com.br/wp-content/uploads/2019 fev 12-Boletim_Set-2018.pdf. Acesso em: 09 set 2020.

- Teoria da mente. Disponível em:
  <https://www.usf.edu.br/galeria/getImage/427/950945262340670.pdf>. Acesso em: 20 fev 2021.

- Mediação por pares. Disponível em:
  <http://pepsic.bvsalud.org/scielo.php?script=sci_arttext&pid=S01-03-84862010000100010&lng=es&nrm=iso>. Acesso em: 03 fev 2019.
  < https:// Intervenção Mediada por Pares: Implicações Para a Pesquisa e as Práticas Pedagógicas de Professores com Alunos Com Autismo>. Acesso em: 04 fev 2021.
  <https://www.youtube.com/watch?v=M1ldbchOGIA&t=3835s > Acesso em: 30jan2021.

- Autismo e potencialidades. Disponível em:
  <https://www.feees.org.br/wp-content/uploads/2020 set revista-para-site-2.pdf>. Acesso em: 30 nov 2020>.

- Mensagem de Anália Franco sobre evangelização. Disponível em: <https://facebook.com/casadebatuira>. Acesso em: 06 jul 2021.

- Arteterapia e autismo. Disponível em: <https://blossombehavioral.org/2020 fev 27/benefits-of-art-therapy-for-children- with-autism/. Acesso em: 27 set 2021.

- Previsibilidade das ações. Oficina com Sheila Porfírio. Disponível em: <https://www.facebook.com/watch/?v=1783438398470602>. Acesso em: 05 jul 2021.

- Inclusão de crianças e adolescentes autistas na evangelização. Disponível em: <https://www.youtube.com/watch?v=vrad9_5M7ww>. Acesso em: 22 set 2021.

- Música e autismo. Disponíveis em: <https://pt.scribd.com/document/346595624/Autismo-y-musica-Florencia-Gigena-pdf> . Livro relatando uma pesquisa feita com crianças com autismo usando música. Acesso em: 26 jan 2021. <https://youtu.be/Q2i75VPpXPY> . Vídeo com Saulo Laucas falando sobre si mesmo e cantando. Acesso em: 26 jan 2021. <https://youtu.be/DX0YDYi7BEE>. Vídeo com Mateus cantando Panapaná. Acesso em: 20 dez 2020. Reportagem de um canal televisivo sobre o projeto. Disponível em: <https://www.youtube.com/watch?v=Px89PP2Upio>. Acesso em: 27 jan 2021. Artigo do Correio Braziliense sobre musicoterapia e autismo. Disponível em: <https://www.correiobraziliense.com.br/app/noticia/cidades/2019/ nov /14/interna_cidadesdf,806251/musicoterapeuta-negra-e-autora-de-projeto-social-que-virou-referencia.shtml>. Acesso em: 27 jan 2021.

- Instrumentos musicais de sucata. Disponível em:
<https://br.pinterest.com/alinemoraistard/instrumentos-musicais-de-sucata/>. Acesso em: 03 ago 2021.
Instituições que ensinam autista não verbal a se comunicar:
<https://www.facebook.com/IASCspells/>. Acesso em: 20 jun 2021.
<https://growingkidstherapy.com/>. Acesso em: 20 jun 2021.

- Depoimento de mães de crianças com o TEA. Disponível em:
<https://www.autismoemdia.com.br/blog/maes-de-autistas-qual-a-visao-delas-sobre-o-acolhimento-na-sociedade/>. Acesso em: 20 jun 2021.

- Opinião de Divaldo Franco sobre o autismo. Disponível em
<http://www.divaldofranco.com.br/mensagens.php?not=510>.
Acesso em: 22 out. 2018.

LIVROS DA MESMA AUTORA:

A evangelização mudando vidas

Educação espírita • 15,5x21,5 cm • 200 pp.

Essa publicação vem enriquecer a literatura espírita servindo de apoio a todo aquele que se interessar e se dispuser a colaborar nessa tarefa de amor que é a evangelização espírita infantojuvenil.

Convidamos os pais, os educadores, o leitor, enfim, a engrossar essa fileira do bem e, seguindo as orientações contidas na doutrina espírita, propiciar à nova geração um novo olhar sobre sua vida e sua destinação rumo à felicidade.

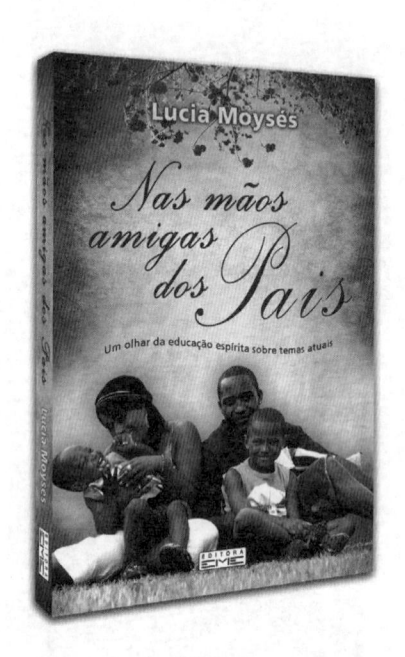

Nas mãos amigas dos pais

Educação espírita • 14x21 cm • 168 pp.

Apresenta o olhar da educação espírita sobre diversos temas atuais, orientando os pais na difícil tarefa de educar e encaminhar os filhos para um verdadeiro desenvolvimento moral. Esclarece ainda que, com carinho e perseverança, podemos inspirar nessa nova geração conceitos morais baseados no Espiritismo.

LIVRO DA MESMA AUTORA:

Educação para um mundo melhor
Educação espírita • 14x21 cm • 208 pp.

Com suas obras voltadas à educação espírita na área da infância e juventude, a professora universitária e escritora Lucia Moysés tem se destacado no movimento espírita ao apresentar diversos casos e experiências bem-sucedidos no segmento da evangelização infantojuvenil.

Neste *Educação para um mundo melhor,* Lucia traz temas atuais envolvendo o momento em que atravessa a humanidade na era tecnológica, apontando o bem, mas também analisando os malefícios que essa comunicação em tempo integral pode proporcionar às crianças e aos jovens.

Drogas, suicídio na infância e juventude, gravidez precoce, racismo e outros assuntos de grande interesse são aqui analisados com o olhar de educadora. Trazendo fatos reais ao nosso conhecimento, nos inspira a que busquemos também de nossa parte nos constituir em exemplos de retidão moral para os espíritos que retornam ao planeta para conquistar mais um degrau na sua evolução

CONHEÇA TAMBÉM ESSES LIVROS:

O autismo em minha vida

Regiane Gonzaga

Biografia Romanceada • 14x21 cm • 176 pp.

Este é um livro-depoimento escrito por uma mãe defrontada com o diagnóstico de autismo em seu único filho. Abordando o tema com sabedoria e sentimento, ela compartilha sua história de coragem e superação em um relato comovente, repleto de lições, para ajudar as famílias que estão aprendendo a conviver com o autismo. E também esclarecer todos os que se interessam pela causa.

Suicídio inconsciente

Edson Ramos de Siqueira

Estudo • 15,5x22,5 cm • 288 pp.

Mesmo sem a intenção premeditada de morrer, com nosso modo de viver, alimentando vícios e atitudes menos dignas, não valorizando os recursos que a Providência Divina nos concede para uma vida honrada, malbaratamos a saúde e concorremos para nossa deserção da vida.

Quem olhará Romeu?

Dineu de Paula • Esdras (espírito)

Romance mediúnico • 16x22,5 cm • 288 pp.

Romeu, cigano de apenas 5 anos, é vendido em praça pública. Agora adulto, de temperamento frívolo e ambicioso, segue complicando sua trajetória evolutiva, como vem fazendo há várias encarnações.
Até quando Romeu persistirá nesse caminho obscuro, longe das leis de Deus?.